Holder & Duff

KNOBLAUCH

KATY HOLDER & GAIL DUFF
KNOBLAUCH

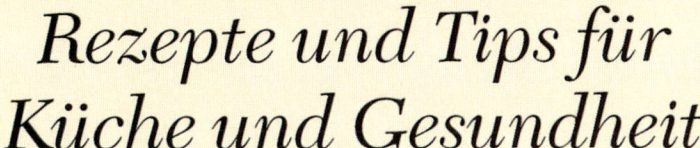

*Rezepte und Tips für
Küche und Gesundheit*

Aus dem Englischen
von Ingrid Ahnert

INHALT

EINLEITUNG

KEINE ANDERE PFLANZE WIRD GLEICHZEITIG SO SEHR GELIEBT UND VERACHTET WIE DER KNOBLAUCH. ER VERLEIHT DEN SPEISEN WÜRZE, SCHON SEIN GERUCH WIRKT APPETITANREGEND, AUFGRUND SEINER ZAHLREICHEN MEDIZINISCHEN EIGENSCHAFTEN WIRD ER ALS ALLHEILMITTEL BETRACHTET UND ZUDEM SOLL ER VOR BÖSEN KRÄFTEN SCHÜTZEN. DOCH ALL DIES HAT SEINEN PREIS – KNOBLAUCH »DUFTET«! ETWAS DERART BESONDERES KANN SCHLIESSLICH NICHT VOLLKOMMEN PERFEKT SEIN!

Bärlauch (wilder Knoblauch) wächst im Wald und bringt im Sommer weiße Blüten hervor. Man kann ihn bereits aus einiger Entfernung an seinem Geruch erkennen.

Knoblauch ist in der Tat eine besondere Pflanze. Er läßt sich problemlos kultivieren – sowohl im großen Stil als Handelsware als auch privat in Gärten und Töpfen – und gedeiht in gemäßigten sowie warmen Klimazonen. Im Vergleich zu anderen Kräutern und Gewürzen ist Knoblauch günstig zu erstehen. Größere Mengen lassen sich mehrere Monate

aufbewahren, zudem kann er ohne größere Vorbereitungen in der Küche und als Medizin verwendet werden. Früher war Knoblauch das Allheilmittel der Armen.

Die Geschichte des Knoblauchs geht sehr weit zurück. Er war ursprünglich in Zentralasien beheimatet und wurde von Stammesangehörigen, Eroberern, Händlern sowie von Forschern auf der ganzen Welt verbreitet. Vor 5000 Jahren wurde Knoblauch in China angebaut. Die Ägypter vertilgten ihn in großen Mengen, die Römer brachten ihn nach Nordeuropa, Kolumbus führte ihn in Mittel- und Südamerika ein, und durch die späteren Siedler wurde er in den heutigen USA verbreitet.

In vielen Kulturkreisen ist Knoblauch seit jeher zum Würzen beinahe so wichtig wie Salz. Jede Küche hat jedoch ihren eigenen Stil und ihre eigenen Grundgewürze beibehalten. So gibt es zum Beispiel die scharfe afrikanische Würzsauce oder die milde französische Knoblauchsuppe. Dies weist Knoblauch als viel-

Diese Illustration in einer alten französischen Handschrift zeigt ein Knoblauchfeld während der Ernte. Die Knollen werden gebündelt und für die Lagerung vorbereitet.

fältige Zutat aus und zeigt – im Gegensatz zu anderslautenden Behauptungen –, daß er den Geschmack abrundet und nicht überdeckt.

Knoblauch ist außerdem ein altbewährtes Heilmittel, dessen Wirkung durch neuere Untersuchungen zum Teil belegt werden konnte. Knoblauch kann zur Behandlung von Infektionen, insbesondere der Atemwege, eingesetzt werden. Er senkt den Blutdruck sowie den Cholesterinspiegel und aktiviert den Kreislauf. Er stärkt die Abwehrkraft gegen Viruserkrankungen und gegen Erreger von Nahrungsmittelvergiftungen. Darüber hinaus weist er antiseptische Eigenschaften auf.

Zudem ist die angebliche Zauberkraft des Knoblauchs zu erwähnen. Knoblauch wurde nicht nur als Heilmittel, sondern auch zum Schutz vor Dämonen und Vampiren eingesetzt. Im Alten Ägypten wurden sogar Eide im Namen des heiligen Knoblauchs geschworen und in Griechenland opferte man ihn der Göttin Hekate. Man glaubte, durch den Verzehr von Knoblauch Stärke und Tapferkeit zu erlangen.

Die Beliebtheit von Knoblauch schwankte beträcht-lich im Laufe der Jahrhunderte. Während er zu gewissen Zeiten als Heilmittel und Gewürz geschätzt war, wurde er zu anderen Zeiten von der Oberschicht wegen seines unangenehmen Geruchs abgelehnt.

Beliebt war Knoblauch ohnehin niemals bei jedermann und zu jeder Zeit. So war Knoblauch beispielsweise in Großbritannien und den Vereinigten Staaten zu Beginn des 20. Jahrhunderts nahezu in Vergessenheit geraten.

Heutzutage gelangt Knoblauch wieder zu seinem Recht. Ein weltweiter Austausch der Kochzutaten und Aromastoffe wurde durch einen schnelleren und preiswerteren Handel möglich. Die Suche nach natürlichen Heilmitteln im Zeitalter der Chemie zog ernsthafte Forschungen über die Eigenschaften von Kräutern nach sich. Zudem haben sich immer mehr Menschen im Zuge der Völkerverständigung für den Glauben und die Gewohnheiten anderer Kulturkreise und der Alten Welt interessiert. Knoblauch ist eine weitverbreitete Kochzutat und eine wertvolle Heilpflanze, und er hat einen festen Platz in Religion, Märchen und Zauberei. Seine Zeit ist ganz sicherlich gekommen.

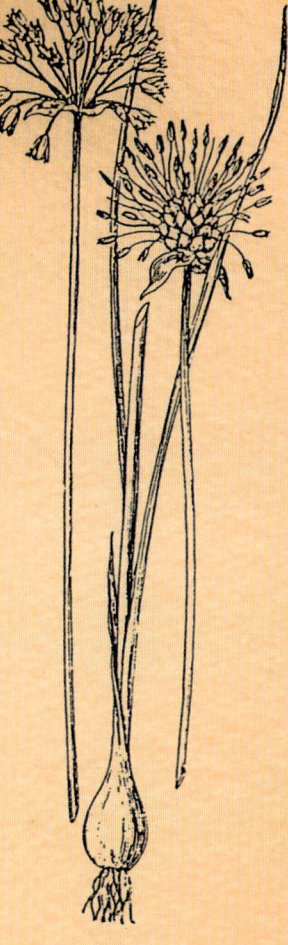

GESCHICHTE

KNOBLAUCH WURDE ALS HEILMITTEL UND KOCHZUTAT GESCHÄTZT UND MANCHMAL WEGEN SEINES GERUCHS VERACHTET. ER ZÄHLT ZU DEN NÜTZLICHSTEN PFLANZEN DER VERGANGENEN 6000 JAHRE.

Diese Karte zeigt die Republiken Turkmenistan, Kasachstan und Usbekistan im Südwesten Sibiriens, die als Ursprungsländer des Knoblauchs gelten.

Da Knoblauch in vielen Kulturkreisen sehr früh und nahezu gleichzeitig eingeführt wurde, geben sich viele Länder als sein Ursprungsland aus. Vermutlich hat er seinen Ursprung jedoch in Südwestsibirien und den heutigen Republiken Turkmenistan, Kasachstan und Usbekistan, wo er noch heute wild vorkommt.

Die schnelle Verbreitung des Knoblauchs über die ursprünglichen Standorte hinaus ist auf seine problemlose Kultivierung und hohe Produktivität zurückzuführen. Er wurde vor 5000 Jahren von Nomadenvölkern nach China gebracht, wo er sich schnell etablierte. Von dort aus trat er seinen Weg nach Südostasien an. Um 2000 v. Chr. verbreitete sich der Knoblauch durch den Mittleren Osten bis nach Ägypten, anschließend gelangte er mit Hilfe von Händlern und Reisenden bis nach Südeuropa, wo er sich schließlich in Sizilien einbürgerte. Darüber hinaus fand er Verbreitung in Indien, wo er in den ersten wedischen Schriften erwähnt ist. Diese alten religiösen Aufzeichnungen wurden in Ostindien gefunden.

Mit den Schiffen phönizischer Händler gelangte der Knoblauch etwas weiter nördlich nach Südeuropa, und die Römer führten ihn in sämtlichen eroberten Gebieten ein, einschließlich Britannien und Nordeuropa. Später reiste er mit den

Wikingern auf ihren zahlreichen Eroberungsfahrten um die ganze Welt. Kolumbus brachte ihn in die heutige Dominikanische Republik, von wo aus er sich über Mittel- und Südamerika verbreitete, um schließlich in den USA heimisch zu werden.

In seinem Ursprungsland Sibirien und in der Umgebung des Kaspischen Meeres war Knoblauch eine geschätzte Handelsware. Noch gegen Ende des 18. Jahrhunderts konnten die Einwohner Sibiriens ihre Steuern in Form von Knoblauch zahlen: 15 Knollen für einen Mann, zehn Knollen für eine Frau und fünf Knollen für jedes Kind.

Heute wird Knoblauch auf der ganzen Welt angebaut, er ist beinahe in jedem Lebensmittelgeschäft zu finden. Während er sich in manchen Kulturkreisen ständiger Beliebtheit erfreute,

Auf dieser Illustration einer mittelalterlichen deutschen Schrift ist die Getreideernte dargestellt. Fleisch und Fisch waren rar, und Knoblauch bereicherte die überwiegend vegetarische Nahrung.

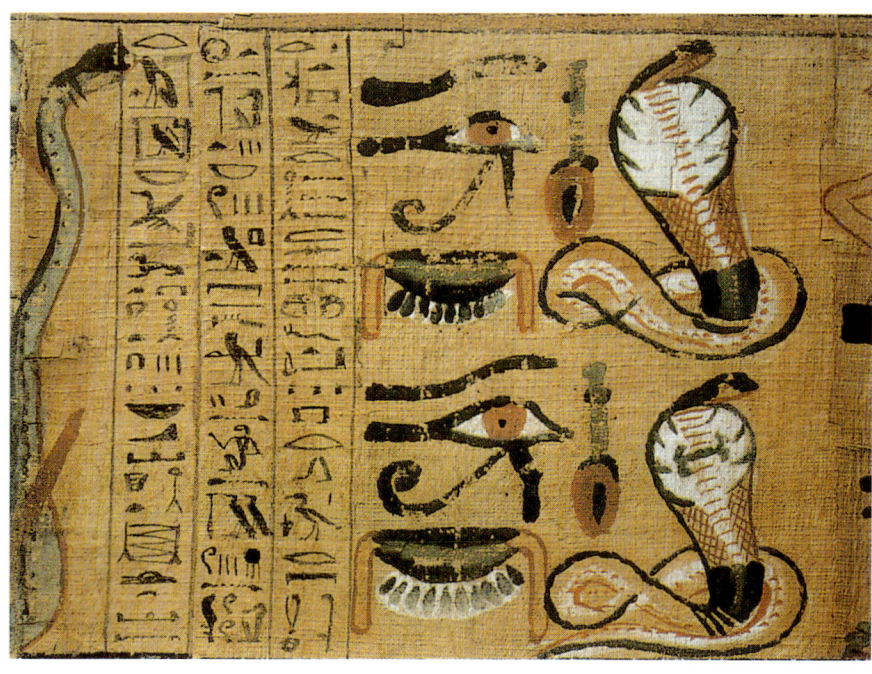

*K*noblauch wurde vor 2000 Jahren in Ägypten angebaut. Er war hochgeschätzt und wurde zu den mumifizierten Leichen für das Leben nach dem Tod ins Grab gelegt (links). Im »Buch des Todes« aus der 21. Dynastie, einer Papyrusrolle (rechts), sind 800 – darunter 22 knoblauchhaltige – pflanzliche Heilmittel aufgelistet.

stand er in anderen durch die Jahrhunderte in wechselnder Gunst – und zwar zum großen Teil wegen seines Eigengeruchs, oder genauer gesagt, des Geruchs, den er seinen Essern beschert. Aufgrund dieser »ungeselligen« Nebenwirkung wurde Knoblauch zu gewissen Zeiten trotz seiner bekannten heilenden, gesundheitsfördernden und geschmacklichen Eigenschaften als Nahrung der Unterschicht betrachtet.

Knoblauch in der Antike
Die frühesten Aufzeichnungen über Knoblauch finden sich in einem 5000 Jahre alten sumeri-

schen Schriftstück, in dem Speisen und Getreide beschrieben werden. Die Sumerer lebten als geschickte Bauern und Erzeuger im heutigen Mittleren Osten, wo sie verschiedene Getreidesorten anbauten. Dieses intensiv mit Getreide und Hülsenfrüchten bebaute Ackerland konnte mehr Menschen ernähren als Weideland. Es wurde sehr wenig Fleisch verzehrt, und Knoblauch verlieh der ansonsten einfachen Nahrung, bestehend aus Getreide, Hülsenfrüchten und Gemüse, mehr Geschmack.

Zur gleichen Zeit hielt Knoblauch Einzug in die chinesische Küche, wo er mit jungen, frischen Zwiebeln, Ingwer und Sojasauce kombiniert wurde. Dieser charakteristische Geschmack zeichnet chinesische Speisen auch heute noch aus.

9

*D*ie Erbauer der alten Pyramiden von Gizeh erhielten tägliche Nahrungsrationen, die aus Zwiebeln, Knoblauch und Brot bestanden.

> »Hier ist aufgezeichnet, wieviel schwarzer
> Rettich, rote Zwiebeln und Knoblauch
> zu den Arbeitern gebracht wurde.«
>
> HERODOT, 484–425 V. CHR.

HOMERO SMYRNALO

Der berühmte griechische Dichter Homer pries die medizinischen Vorzüge des Knoblauchs.

Die Vorliebe für Knoblauch ist heute ebenso stark ausgeprägt wie in der Vergangenheit. Im Restaurant »The Stinking Rose« werden fast alle Gerichte mit Knoblauch zubereitet.

Die alten Ägypter verehrten Knoblauch. Sie verzehrten ihn roh und gekocht, da sie glaubten, daß er Geist und Körper stärke. Knoblauch wurde zum Mumifizieren verwendet und als Knolle oder Nachbildung aus Ton den Verstorbenen für das Leben nach dem Tod ins Grab gelegt. Pharao Cheops ließ die Pyramidenbauer täglich mit Knoblauch versorgen, der ihnen Stärke verleihen und sie vor Infektionskrankheiten schützen sollte. Eine Inschrift auf der Pyramide von Gizeh belegt, wieviel Knoblauch und Zwiebeln von den Pyramidenerbauern verzehrt wurden. Bei einer Verknappung traten die Arbeiter in den Streik. Knoblauch war eine hochgeschätzte Vergütung. In bezug auf das Gewicht war ein Sklave weniger wert als Knoblauch, für einen Sklaven mußte man sieben Kilogramm Knoblauch zahlen.

Auch die Hebräer schätzten Knoblauch überaus. Als Moses sie durch die Wüste führte und sie sich nur von Manna ernährten, klagten sie laut: »Wir denken ... an die Gurken und Melonen, den Lauch, die Zwiebeln und den Knoblauch« (4. Buch Mose 11,5). Diese Vorliebe für Knoblauch teilten die Juden auch noch zu Zeiten der Römer, was ihnen den Spitznamen »Stinker« einbrachte – eine ungerechtfertigte Verunglimpfung, da die Römer nicht weniger Knoblauch verwendeten.

Die alten Griechen schienen die gleiche Haßliebe für Knoblauch wie viele Menschen der Gegenwart zu empfinden. Sie bezeichneten Knoblauch als »stinkende Rose«, und nach dem Verzehr durfte kein Grieche den Tempel der Kybele betreten. Dennoch wurden ungeheure Mengen davon verzehrt. Laut Homer, einem Dichter aus dem 8. Jahrhundert v. Chr., reichte der trojanische Kriegsheld Nestor seinem Gast Machaon Knoblauch bei einem Festessen.

Um 300 v. Chr. hatten die kultivierten Griechen Athens eine eigene Form minimalistischer Speisen entwickelt, wobei vor jeder Mahlzeit eine Vielzahl kleiner Vorspeisen serviert wurde. Der Schreiber Lunceus beklagte in seinem Werk »Der Zentaur«, daß dies kein Essen für hungrige Menschen sei: »Der Koch stellt vor dem Gast ein Tablett mit fünf kleinen Tellern ab, worauf sich Knoblauch, zwei Seeigel, in Süßwein eingeweichte Bissen, zehn Herzmuscheln und etwas Stör befinden.«

Die Arbeiter im alten Griechenland aßen Knoblauch nicht aus einer modischen Laune heraus, sondern würzten damit ihre alltäglichen Gerichte. Er sollte ihnen Kraft verleihen und die Abwehrkräfte stärken. Homer, Aristoteles und Hippokrates priesen seine medizinischen Eigenschaften. Die griechischen Soldaten, Athleten und Ringkämpfer sollten reichlich Knoblauch essen, um Stärke, Mut und Ausdauer zu erhöhen. Stets wurde er als Proviant der griechischen Truppen mitgeführt.

Auch in Rom wurde Knoblauch als Medizin und Nahrungsmittel verwendet. Er wurde stets vom einfachen Volk geschätzt, während er von der Oberschicht zeitweise abgelehnt wurde. Der Dichter Horaz bezeichnete ihn als vulgär. Der bekannte Schriftsteller und Gastronom Alexandre Dumas schrieb 1873 über die Erfahrungen von Horaz mit Knoblauch: »Da Horaz seit seiner Ankunft in Rom an Verdauungsstörungen nach dem Verzehr eines mit Knoblauch zubereiteten Schafskopfs litt, verabscheute er diesen.« Manche halten zwar den Schafskopf und nicht den Knoblauch dafür verantwortlich, bei Horaz erzeugte dies aber eine lebenslange Abneigung, wobei er Knoblauch in späteren Jahren »giftiger als Schierling« nannte.

Nicht nur die griechischen, sondern auch die römischen Soldaten erhielten regelmäßige Knoblauchrationen. Soldaten und Bauern bauten ihn überall an, da sie ihn für ein wirkungsvolles Stärkungsmittel hielten, das gleichzeitig Infektionen abwehrt. Man fand kaum einen römischen Solda-

Dieses Pflastermosaik zeigt römische Soldaten bei einer Fahrt auf dem Nil. Die Römer schätzten Knoblauch ebenso wie die Griechen und hielten ihn für ein wirkungsvolles Stärkungsmittel.

Ersatz für Salzfisch: Eine Handvoll Kreuzkümmel zerstoßen, eine halbe Handvoll Pfeffer sowie eine geschälte Knoblauchzehe dazugeben. Ein wenig Fischsauce dazugießen und einige Tropfen Öl hinzufügen. Dies ist ein hervorragendes, verdauungsförderndes Mittel gegen Magenbeschwerden.

APICIUS, DAS KOCHBUCH DER RÖMER, 1. JAHRHUNDERT V. CHR.

ten ohne Knoblauch, und man riet jedem jungen Rekruten aus der Adelsschicht bei der Anwerbung als Soldat keinen Knoblauch zu essen (»Allia ne comedas«). Sie taten es vermutlich dennoch und waren um so gesünder.

In der römischen Küche wurde Knoblauch für Saucen und Salatdressings verwendet. Im Kochbuch des Apicius findet sich ein Rezept für *Sala Cattabia*, ein Dressing für einen Salat aus Fleisch und Gemüse. Es enthält in Wasser und Essig eingeweichte Brotkrumen, zerstoßenen Knoblauch, Honig, Minze, Koriander, Pfeffer, Käse und Öl. Eine weitere Spezialität war *Moretum*, eine kräftigende Mischung aus Knoblauch, Käserinde und Kräutern.

Während die Griechen und Römer die Vorzüge des Knoblauchs genossen, durchstreiften die Skythen die fruchtbaren Ebenen um das Kaspische und Schwarze Meer, wo sie ihren ziehenden Herden in Wagen folgten. Der griechische Arzt Hippokrates beschrieb sie als ein dickes und humorvolles Volk. Sie ernährten sich von Fleisch und Milchprodukten, Thunfisch und Stör sowie von Zwiebeln, Knoblauch und Bohnen. Das Gemüse bauten sie im Sommer auf den Weiden an.

In Britannien und Nordeuropa machten die Siedler der Eisenzeit vor der Ankunft der Römer Knoblauch und Bärlauch (wilden Knoblauch) ausfindig, der in feuchten Wäldern wuchs. *Allium sativum*, der heute verwendete Gemeine Knoblauch, muß eine willkommene Zutat für jeden Schmortopf gewesen sein. Als die Römer gegen 300 v. Chr. abzogen, blieb der Knoblauch zurück.

Der griechische Arzt Hippokrates, der Vater der modernen Medizin, setzte Knoblauch zur Schmerztherapie ein. Er verwendete eine Mischung aus Opium, das er aus Mohn gewann, Knoblauchsaft und Wein. Der Trank zeigte Wirkung bei Operationen und bei der Behandlung von Wundschmerz.

11

Römische Soldaten trugen auf ihren Reisen stets Knoblauch bei sich. Dieses römische Mosaik zeigt eine Kampfszene am Nilufer. Sowohl die Römer als auch die einheimischen Ägypter haben die meisten Fleischgerichte mit Knoblauch zubereitet.

Wilder Knoblauch, der in feuchten Wäldern wuchs, war vermutlich zur Zeit der Angelsachsen weit verbreitet.

Charlemagne, Kaiser Frankreichs und des Heiligen Römischen Reichs, befahl den Anbau von Knoblauch in all seinen Ländereien.

Knoblauch im Mittelalter

Im angelsächsischen England wurde Knoblauch als eine von sechs Zwiebelarten in den Schriften verzeichnet. Er wurde als *garleac* bezeichnet.

Inzwischen hatte der Knoblauch seine Vorherrschaft im gesamten Mittleren Osten beibehalten. Er wurde von dem Propheten Mohammed gepriesen und folglich als Vorspeise am Hof der Kalifen von Bagdad gereicht.

In Frankreich wurde Knoblauch mit besonderer Freude angenommen. Der französische Kaiser Charlemagne (747–814) befahl seinen Untertanen dessen Anbau. Im Mittelalter konnte man die Pflanze in den Klöstergärten in ganz Europa finden.

Hier zieren Kapern eine zinnoberrote Sauce, die einen köstlichen Duft verströmt ...
Hier trifft das Auge auf scharfen Knoblauch, dessen Geruch den Appetit anregt.
Köstliche Oliven machen die Nacht zum Tag, und das Tablett ist mit Stücken von gesalzenem Fisch umlegt.

IBN AL-MU'TAZZ, ISLAMISCHER DICHTER, 10. JAHRHUNDERT

Vom 10. bis zum 16. Jahrhundert wurde Knoblauch in fast allen englischen Gartenschriften und -büchern erwähnt. Er wurde sowohl gepriesen als auch verachtet, ein Verfasser führte ihn neben Trunkenheit und spätem Essen als »schädlich fürs Gehirn« auf. Knoblauchzehen wurden auf Brot gerieben und vor einem Trinkgelage verzehrt; manchmal wurden sie in Rotwein getaucht, um der Wirkung des Alkohols entgegenzuwirken.

Kleinbauern in ganz Europa kauten Knoblauch zum Schutz vor Infektionen und als allgemeines Stärkungsmittel. In einem 1365 verfaßten Stück werden Knoblauch, Pfeffer, Pfingstrosen- und Fenchelsamen als die »scharfen Gewürze« bezeichnet, die von den einfachen Leuten angebaut und verwendet wurden. Während die Oberschicht Gewürze importieren konnte, mußten sie die Armen selbst anbauen, was mit Knoblauch problemlos gelang.

Knoblauchsauce wurde häufig zu Gans gereicht. Im 12. Jahrhundert empfahl Alexander

> *Esse weder Knoblauch noch Zwiebeln, denn ihr Geruch könnte dich als Bauer verraten.«*
>
> CERVANTES, DON QUIJOTE, 1614

Neckam eine starke Knoblauchsauce aus Wein oder Obstsaft (dem sauren Saft von Holzäpfeln oder Trauben) zu einer »Stoppelgans« (sie wurde nach der Ernte auf einem Stoppelfeld gemästet). Die Beziehung zur Gans war noch 400 Jahre später lebendig, als Thomas Mouffet bemerkte: »Eine mehr als vier Monate alte Gans ist ohne Knoblauchsauce, Bewegung und ein starkes Getränk nur schwer verdaulich.« War der Knoblauch nun eine Kochzutat oder Medizin? Vermutlich traf von beidem ein wenig zu.

Das Auftreten von Knoblauch in verschiedenen Kochschriften des frühen 14. Jahrhunderts spiegelt die Vorliebe der Oberschicht für diese Zutat wider. Er wurde als eines von 47 »grünen Kräutern für Gemüsesuppe« oder Eintöpfe aufgeführt, das Löwenzahn, Ringelblumen, Gänseblümchen, Rote Nessel, Salat, Schnittlauch, Lauch, Raps und Rettich enthielt. In einem Buch namens »The Forme of Cury« findet sich eines der ersten Salatrezepte.

Im selben Buch ist ein Rezept für Fleischbrühe enthalten. Hierzu wird Huhn mit einer Mischung aus Knoblauch, Trauben, Petersilie und Salbei gefüllt, in Fleischbrühe gegart und anschließend mit süßen, gemischten Gewürzen bestreut.

Im England des Mittelalters hatte Knoblauch den Ruf, nur von vulgären Leuten gegessen zu werden, zum Beispiel dem Gerichtsboten in Chaucers »Canterbury-Erzählungen«. Diese Abbildung stammt aus der Ellesmere-Ausgabe.

Überraschenderweise wurde der Knoblauch zur gleichen Zeit in Spanien von Alfons XI., dem König von Kastilien, verachtet. Er gründete einen Ritterorden, bei dem es jedem Mitglied einen Monat lang untersagt war, am Hof zu erscheinen oder mit den anderen Mitgliedern zu sprechen, falls er Knoblauch gegessen hatte! Wenn man sich die spanische Küche jener Zeit betrachtet, fand diese Verfügung wahrscheinlich nur bei wenigen Untertanen Beifall.

Ende des 14. Jahrhunderts bekam der Knoblauch in England erneut einen vulgären Beigeschmack. Chaucers widerlicher Gerichtsbote, dessen Gesicht mit Beulen und Flecken übersät war, wählte eine Ernährung, die sein Blut zum Wallen brachte und seinem Atem einen üblen Geruch verlieh:

> *Er verspeiste Knoblauch, Zwiebeln und auch Lauch und trank starken, blutroten Wein.*

Er war ein Mann, vor dem sich Kinder fürchteten.

SALAT

Man nehme Petersilie, Salbei, grünen Knoblauch (d. h. die grünen Triebe des Knoblauchs), Frühlingszwiebeln oder Schalotten, Zwiebeln, Lauch, Borretsch, Minze, Fenchel, Kresse, Gartenraute, Rosmarin, Portulak und wasche alles gründlich. Man verlese die Kräuter, hacke sie fein und mische alles gründlich mit Öl, Essig und Salz.

Im 12. Jahrhundert und später im 16. Jahrhundert wurde Knoblauchsauce zur Gans empfohlen, insbesondere dann, wenn der Vogel alt und zäh war.

13

Wechselvolles Leben

Auch Shakespeare brachte den Knoblauch im 16. Jahrhundert nicht mit Vornehmheit in Verbindung. Seine derben Schauspieler werden in der Komödie »Ein Sommernachtstraum« von ihrem Leiter, Peter Quince, gewarnt: »Meine lieben Schauspieler, eßt weder Zwiebeln noch Knoblauch, schließlich müssen wir einen süßen Atem von uns geben.«

Zu jener Zeit wurde Knoblauch als »Medizin des armen Mannes« bezeichnet. Knoblauch stand in dem Ruf, viele Krankheiten zu heilen und zahllosen anderen vorzubeugen. Vermutlich

hielt man ihn eher für ein Arzneimittel als für ein Nahrungsmittel. Er wurde von den Seeleuten gekaut, da »er den Brechreiz unterdrückt«.

Knoblauch verlor allmählich selbst als Salatzutat an Bedeutung, und im 17. Jahrhundert empfahl John Evelyn lediglich »einen Hauch an den Speisen«. Aus Bemerkungen in seinem Buch »Acetaria« kann man schließen, daß er selbst diesen »Hauch« ablehnte: »Wir schließen seinen Gebrauch als Salatzutat aufgrund seines unerträglichen, widerlichen Geruchs völlig aus; er verleiht dem Salat einen abgestandenen und muffigen Geschmack.« Und weiter: »Wir haben darüber gelesen, daß Knoblauch früher Teil einer Bestrafung für die schrecklichsten Verbrechen war.« Evelyn äußerte zwar nicht, wo er darüber gelesen hatte, aber diese Aussage ist tatsächlich wahr. Vermutlich erhöhte Knoblauch die Überlebenschancen der Kriminellen. Andere englische Kochbücher des 17. Jahrhunderts, wie zum Beispiel »The Queen's Delight« aus dem Jahre 1655, verweisen nicht auf Knoblauch.

Im England des 18. Jahrhunderts war Knoblauch gänzlich unbeliebt. Er wurde weder in

Im 16. Jahrhundert wurde Knoblauch nicht als Nahrungsmittel, sondern eher als Arzneimittel angesehen. Er wurde als ein wirksames Heilmittel gegen Seekrankheit auf Schiffen mitgeführt.

Spanischer Knoblauchbraten

Anderthalb Pfund Kalb- oder Rindfleisch in Scheiben schneiden, pfeffern oder salzen und zusammen mit ein paar Karottenscheiben, vier in Scheiben geschnittenen Knoblauchzehen, einem viertel Pfund Schinken in Scheiben sowie einem großen Löffel Wasser in einen Bräter legen. Das Gericht bei milder Hitze so lange braten lassen, bis das Fleisch am Topf festklebt.

Das Fleisch nun wenden und ausgiebig bräunen lassen (darauf achten, daß es nicht anbrennt). Das Gericht mit Mehl bestäuben, einen viertel Liter Fleischbrühe angießen, einen Bund süße Kräuter, einige zerdrückte Knoblauchzehen sowie eine Zitronenscheibe dazugeben. Das Gericht zurück auf das Feuer stellen und anderthalb Stunden bei milder Hitze schmoren lassen. Anschließend das Fett entfernen und die Flüssigkeit abgießen; hierzu alles durch ein Tuch seihen und dieses gründlich ausdrücken.

Bemerkung: Man sagt, daß dies das Geheimnis des alten Spaniers war, der in einem Haus in Hampstead Heath wohnte. Knoblauchfreunde werden an diesem Gericht das üppige Knoblaucharoma schätzen.

THE COOK'S ORACLE: INSTITUTED IN THE KITCHEN OF A PHYSICIAN, 1822

Knoblauchsauce

*Zwei Knoblauchzehen mit einem muskat-
nußgroßen Stück Butter zerstoßen und dann
durch ein dünnmaschiges Sieb streichen.
Mit einem viertel Liter geschmolzener Butter oder Rinderbrühe verrühren.*

THE COOK'S ORACLE: INSTITUTED IN THE KITCHEN
OF A PHYSICIAN, 1822

Knoblauchessig

*Knoblauch ist für dieses Rezept
von Hochsommer bis zum
Michaelstag verfügbar.
Fünfzig Gramm Knoblauch
schälen und hacken, einen
viertel Liter Weißwein-
essig dazugießen. In ein dichtes
Gefäß gießen und den Essig
darin zehn Tage ziehen lassen,
jeden Tag gründlich durch-
schütteln. Anschließend die
klare Flüssigkeit in kleine
Fläschchen umfüllen.*

THE COOK'S ORACLE: INSTITUTED IN THE KITCHEN
OF A PHYSICIAN, 1822

»The Art of Cookery Made Plain and Easy«, das
1747 von Hannah Glasse verfaßt wurde, noch in
»The Experienced English Housekeeper« von
Elizabeth Raffald (1782) erwähnt. In »Adam's
Luxury und Eve's Cookery«, einem Garten- und
Kochbuch aus dem Jahre 1764, wird Knoblauch
zwar im Kapitel über Anbau genannt, nicht aber
in der Liste der Gartenarbeiten oder in den Rezepten und Kochanleitungen aufgeführt.

1822 erschien das Buch »The Cook's Oracle:
Instituted in the Kitchen of a Physician«. Ein
Arzt wußte von den medizinischen Eigenschaften des Knoblauchs, dieser jedoch schätzte ihn
auch als Kochzutat. Er bereitete einen Knoblauchessig aus zerdrückten Zehen und Weißweinessig zu.

Weiterhin nennt der Koch-Arzt ein Rezept für
Knoblauchsauce, für die zwei zerdrückte Knoblauchzehen (oder etwas Knoblauchessig) mit ein
wenig geschmolzener Butter und etwas Bratensauce vermischt werden. Darüber hinaus wird
ein spanischer Knoblauchbraten angeführt, für
den Kalb- oder Rindfleisch zusammen mit Schinken, Karotten und vier in Scheiben geschnittenen Knoblauchzehen geschmort werden. Gegen
Ende der Kochzeit werden Mehl, Kräuter,
Knoblauchzehen sowie eine Zitronenscheibe

hinzugefügt, vom fertig gegarten Gericht wird
schließlich die Flüssigkeit abgegossen.

Dieser Arzt war ein begeisterter Knoblauchliebhaber, wie aber stand es mit den anderen
Köchen des 19. Jahrhunderts? Eliza Acton's
Buch »Modern Cookery for Private Families« erschien im Jahre 1854. Da die Autorin Knoblauch
in ihrem über 600 Seiten umfassenden Buch lediglich dreimal erwähnte, hielt sie ihn wohl kaum
für eine wichtige Zutat. Sie äußerte sich aber
auch nicht verächtlich über ihn. Aufgeführt sind
ein Knoblauchessig, dessen Zubereitung und
Verwendung jenem des Koch-Arztes sehr ähn-
lich sind, und ein bengalisches Chutney, das mit

Der Geruch dieser Pflanze wird im allgemeinen als unangenehm empfunden, zudem weist sie unter allen Zwiebelgewächsen den schärfsten Geschmack auf. Sie wurde 1548 nach England von den Mittelmeerküsten eingeführt, wo sie sehr verbreitet ist; in Sizilien wächst sie sogar wild. Im Gegensatz zu heute war sie bei unseren Vorfahren beliebter, sie wird aber noch immer als Würzkraut verwendet. In Europa, insbesondere in Italien, wird sie häufig verwendet, und die Franzosen schätzen sie in vielen ihrer Gerichte.

FRAU BEETON, 1861

den Knoblauch. Wer dies nicht wünscht, kann das Wasser alle zehn Minuten wechseln.«

1861 meldete sich Frau Beeton zu Wort, die damals vermutlich den größten Einfluß auf die englische Küche hatte. Sie verabscheute Knoblauch wegen seines »widerwärtigen« Geruchs. Verbannte sie den Knoblauch mit einem einzigen Federstrich für die nächsten hundert Jahre aus den Küchen? Das könnte gut möglich gewesen sein. Sie verwendete Knoblauch nur in einem einzigen Rezept für ein bengalisches Chutney, das nicht von ihr, sondern von einem Freund stammte, »der lange in Indien gelebt hatte«.

In den USA erschien 1896 das von Fannie Farmer verfaßte Kochbuch »Original Boston Cooking School«, worin Knoblauch überhaupt nicht erwähnt wurde. Eine Erklärung könnte der Umstand sein, daß Fannie an der Nordostküste lebte. Im Süden und im Westen war die Küche von der mexikanischen Lebensart und den ehemaligen afrikanischen Sklaven beeinflußt – hier

In Frankreich war und ist der Knoblauchverkäufer bei Gourmets stets gern gesehen.

Holzäpfeln, sauren Äpfeln, unreifen wilden Pflaumen und Knoblauch zubereitet wird.

Als Hauptrezept wird ein mildes Knoblauchragout genannt, bei dem Knoblauchzehen (die Menge ist nicht angegeben) nicht als aromatisierende Zutat, sondern vielmehr wie ein Gemüse behandelt werden. Die Zehen werden geschält, mehrere Male in Salzwasser gekocht – jedesmal ungefähr zwanzig Minuten –, bis sie weich sind, und anschließend entweder zu Hammelbraten gereicht oder »bei Tisch in eine gute braune oder weiße Sauce gelegt«. Es ist fraglich, wieviel Aroma übrigblieb, da Frau Acton ausführt: »Wenn man das Kochwasser sehr häufig wechselt, kann man den stechenden Geruch und Geschmack beseitigen und erhält einen extrem mil-

»Eine eßbare Pflanze, deren Knollen zum Würzen verwendet werden. Beim Auftragen des scharfen, ätherischen Saftes auf die Haut kommt es zu Rötungen ...«

»Jedermann kennt den Geruch von Knoblauch, außer derjenige, der ihn verzehrt hat und sich darüber wundert, daß sich die anderen von ihm abwenden ...«

ALEXANDRE DUMAS,
LE GRAND DICTIONNAIRE
DE CUISINE, 1873

Knoblauchzöpfe bleiben an einem kühlen, luftigen Ort mehrere Monate frisch. Sie sind zudem eine reizvolle Dekoration.

Knoblauch ist in den verschiedensten Zubereitungsformen erhältlich. Knoblauchnudeln und -chips sind nur zwei der unzähligen, im Handel befindlichen Fertigprodukte.

17

wurde mit viel Knoblauch gekocht. Obwohl der Knoblauch nicht von nordeuropäischen Siedlern mitgebracht wurde, schlüpfte er nach Nordamerika durch eine andere Tür.

In Frankreich und Südeuropa hielt die Vorliebe für Knoblauch unvermindert an. Hier wurde er als aromatische Zutat und als Arzneimittel geschätzt und respektiert. Alexandre Dumas, der die Geschichte des Römers Horaz nacherzählte, verdeutlichte in seinem Buch »Le Grand Dictionnaire de Cuisine« (1873) die französische Einstellung: »Die Küche der Provence fußt auf Knoblauch. Die Luft ist mit Knoblauch gesättigt, was sie äußerst gesund macht.«

Wie stand es um den Knoblauch in den vergangenen 100 Jahren? Es gibt unzählige Völker, die der Knolle stets unerschütterlich die Treue gehalten haben. Dazu zählen Südeuropa, der Mittlere Osten, Indien, Asien, Südostasien, China, Mittel- und Südamerika sowie der Süden der USA.

In England herrschte lange Zeit die Einstellung von Frau Beeton vor, und so fand Knoblauch keine Verwendung in den Küchen. Ein guter Indikator hierfür ist das 1946 erschienene Buch »Farmhouse Fare«, in dem sich kein einziges Rezept mit Knoblauch findet, nicht einmal für Chutneys und Saucen. Dorothy Hartley schrieb 1954 eine bezaubernde Beurteilung über englische Speisen mit dem Titel »Food in England«. *Allium sativum* wird nicht genannt, hingegen wilder Knoblauch, dessen »weiße, spitzenartige Blüten, in einem schattigen Wald gezupft,

Knoblauch wird neben Gemüse auf vielen Märkten auf der ganzen Welt verkauft. Diese Knoblauchstände befinden sich in Paris (rechts) und der Chinatown von Singapur (unten).

Obwohl Knoblauch problemlos in Gärten und Töpfen kultiviert werden kann, wird er meist beim Händler erstanden. In der Regel wird er von Sommermitte bis Sommerende geerntet.

eine schmackhafte Garnierung auf Frühlingssalat darstellen«.

Der Wiederaufstieg des Knoblauchs

Bereits am Anfang des Kapitels wurde erwähnt, daß Knoblauch heute in nahezu jedem Land erhältlich ist; Knoblauchbrot, Knoblauchkäse und Knoblauchreis zählen zu den unzähligen Knoblauchprodukten, die man überall in den Regalen der Supermärkte findet. Auch die wundersamen, heilenden Eigenschaften der Pflanze werden allmählich wiederentdeckt. Warum zählt heute Knoblauch erneut zu den wertvollsten Zutaten?

Da die Welt heute »kleiner« geworden ist,

Knoblauch und frische Kräuter sind auf der ganzen Welt wichtige Würzzutaten. Sie sind gleichzeitig eine Freude für Augen und Magen!

wurde der Transport von Waren schneller und billiger. Ende der fünfziger Jahre kam die Reisewelle ins Rollen. Die Bewohner des Nordens besuchten den exotischen Süden und entdeckten die farbenfrohe Küche der sonnigeren Regionen mit ihrem Gemüse, Reis, Nudeln, Kräutern und Knoblauch. Sie fanden Gefallen daran und hielten zu Hause danach Ausschau.

Gleichzeitig kamen Menschen aus Afrika, der Karibik und Asien nach England, um dort zu leben. Doch alle sehnten sich nach ihren traditionellen landestypischen Küchen. Die britischen Bauern wollten ihre Ernte nicht von heute auf morgen umstellen, und die traditionellen Importeure waren nicht bereit, exotische Waren zu verschiffen und eventuell darauf sitzenzubleiben. Aus diesem Grund nahmen es die neuen Engländer selbst in die Hand. Sie wurden Importeure, Ladenbesitzer und Händler. Sie kauften und verkauften Waren, wie Okraschoten, Knoblauch und Süßkartoffeln, die zuvor niemals neben heimischem Kohl, Karotten und Petersilie angeboten wurden. Da ihre Nahrung verlockend und ihre Zubereitung köstlich waren, fanden die Eßgewohnheiten der neuen Bürger allmählich Verbreitung.

Schließlich erschien eine neue Kochbuchgeneration, die zunächst noch von Autoren wie Elizabeth David beeinflußt war. Die späteren Verfasser jedoch waren experimentierfreudiger und stellten viele neue Geschmacksrichtungen und Kochmethoden vor. Zudem war die Bevölkerung jetzt auch am gesundheitlichen Wert der Speisen interessiert. Wir haben endlich gelernt, daß »der Mensch das ist, was er ißt« und daß Qualität, Art und Ausgeglichenheit der Ernährung unser Wohlbefinden beeinflussen können. Eine vegetarische Ernährungsweise und damit ein salzarmes Würzen der Gerichte wurde immer beliebter.

Die Zutat Knoblauch kann heute überall bestens gedeihen. Neue Speisen, neue Rezepte, ein neues Gesundheitsbewußtsein, ein Verschmelzen der Kulturen und eine neue Begeisterung ermöglichten das Comeback des Knoblauchs, dessen Stern bereits zu sinken drohte.

Eine Marinade aus Wein und Knoblauch sowie ein üppiger Rosmarinbelag machen einen gegrillten Lammbraten zu einem Hochgenuß. Knoblauch wurde während seiner langen Geschichte geliebt und verachtet. Zum Glück hat er alle Angriffe überstanden und ist heute kulinarisch begehrt wie nie zuvor.

DIE WICHTIGSTEN KNOBLAUCHARTEN

KNOBLAUCH GEHÖRT ZU DEN LILIENGEWÄCHSEN UND IST ENG VERWANDT MIT
ZWIEBELN, LAUCH, SCHALOTTEN UND SCHNITTLAUCH. DIE MEHRJÄHRIGE PFLANZE
KANN AUCH IM WINTER IM BODEN VERBLEIBEN, SIE WÄCHST UND BLÜHT IM FRÜHJAHR
UND SOMMER UND MUSS NICHT ERNEUT AUSGESÄT ODER VERPFLANZT WERDEN.

Die Knoblauchpflanze wächst aus der Mitte einer runden, leicht unregelmäßig geformten Knolle. Knollengröße, Duft, Farbe und Qualität hängen von den Wachstumsbedingungen ab und unterscheiden sich bei den einzelnen Knoblaucharten. Die Pflanze kann hoch und buschig wachsen oder an der Basis etwas schmaler sein. Die Knolle ist an der Unterseite leicht abgeflacht und verjüngt sich an der Oberseite, wo Blätter und Blütenstiele entspringen. Die Knolle ist von einer papierdünnen Haut umge-ben und setzt sich aus ungefähr zehn sichelförmigen Zehen zusammen, die ebenfalls von einer dünnen Haut umgeben sind. In getrocknetem Zustand ist die Knolle lange Zeit haltbar und kann problemlos in Zehen zerteilt werden. Knoblauch hat flache, graugrüne Blätter und kleine, doldenförmige, lilienartige Blüten, die auf einem einzelnen Stengel sitzen. Meist sind sie rötlich bis weiß gefärbt. Manchmal weisen die Blüten Brutzwiebeln auf; man kann diese entfernen und frisch verwenden.

Gemeiner Knoblauch
(Allium sativum)

Er wird für den Eigengebrauch sowie den Handel angebaut und ist die verbreitetste Knoblauchart mit dem angenehmsten Aroma und den besten Eigenschaften. Innerhalb dieser Gruppe existieren zahlreiche Kultursorten, die weiße, creme-gelbe, rote oder lila Häute mit gleichartig gefärbten Knollen aufweisen. Die Blattlänge kann zwischen 30 und 60 cm, die Blütenfarbe von Weiß bis Rosa bis hin zu Lila und Blau variieren.

In den Vereinigten Staaten werden die weißhäutigen Sorten im allgemeinen als amerikanischer oder kalifornischer Knoblauch be-zeichnet, man unterscheidet frühe und späte Sorten. Die südaustralische weiße Sorte wird auch in den USA angebaut. Mexikanischer Knoblauch wird im April und Mai geerntet und nach Kalifornien importiert; er weist eine zartlila Färbung auf. Auch italienischer, chilenischer und kreolischer Knoblauch haben Knollen mit lila Häuten. Daneben existieren Sorten mit besonders großen Zehen.

Grüner Knoblauch

Es handelt sich um gewöhnlichen *Allium sativum*, der zwischen März und Mai mit unfertig ausgebildeter Knolle geerntet wird. Er weist ein sehr zartes und frisches Aroma auf. Die junge Knoblauchpflanze gleicht viel mehr einer Frühlingszwiebel mit kleinen Knöllchen und grünen Stielen. Man kann alle Pflanzenteile verwenden. Die grünen Teile eignen sich zum Würzen von Salaten, während man die mild aromatische Knolle für gekochte Gerichte mit zartem Knoblauchgeschmack verwenden kann.

Das Emblem von Wales?

Dorothy Hartley führt in ihrem Buch »Food in England« (1954) aus: »Bärlauch wächst in bestimmten Teilen von Wales in solchem Ausmaß, daß wir ihn für den Ursprung des nationalen Emblems halten (Lauch).«

Ackerknoblauch
(Allium ampeloprasum)
und Riesenknoblauch
(Allium gigantum)
Beide Pflanzen gleichen
mehr Lauch als Knoblauch
und weisen zahlreiche Blätter auf. Die Knollen errei-
chen die Größe einer
großen Orange und sind
lediglich in vier bis sechs
Zehen unterteilt. *A. ampeloprasum* kann eine Größe
von bis zu einem Meter aufweisen, die Blüten sind rosa
bis zartgrün gefärbt. Der
kleinwüchsigere *A. gigantum* hat breitere Blätter und
zartlila Blüten. Das Aroma
tut es der Größe nicht
gleich. Es ist dezent, ohne
Schärfe, und wird durch
Kochen noch milder. Beide
Arten eignen sich als Salatzutat, sofern das Knob-
laucharoma nicht vorherr-
schen soll.

Schnittknoblauch
(Allium tuberosum)
Schnittlauchähnliche Art
mit festen, flachen Blättern.
Die Pflanze weist ein angenehmes, mildes Knoblauch-
aroma auf und ist als Salat-
kraut bestens geeignet.

Bärlauch
(Allium ursinum)
Wildwachsende Knoblauch-
art, die in den feuchten
Wäldern Großbritanniens
und des europäischen Fest-
lands wächst. Sie weist
maiglöckchenähnliche Blätter und sternförmige, weiße
Blüten auf. Bärlauch war
früher trotz seines charakteristischen scharfen Aromas
und Geruchs ein begehrtes
Küchenkraut für bäuerliche
Speisen.

Weinbergslauch
(Allium vineale)
Diese wild wachsende
Knoblauchart war früher in
Großbritannien und Europa
verbreitet, wo sie auf
feuchten Wiesen wuchs.
Wenn die Kühe davon
fraßen, bekamen Milch und
Butter einen unangeneh-
men Geschmack. Wein-
bergslauch weist kleine
Knollen und – wie der Bärlauch – ein scharfes Aroma
auf.

Schlangen-
knoblauch
*(Allium sativum
›ophioscorodon‹)*
Die Pflanze war ursprüng-
lich in Dänemark beheima-
tet und wurde früher zum
Aromatisieren von Käse verwendet. Sie besitzt zahlreiche flache Blätter und doldenförmige Blütenköpfe,
die Schlangen mit erhobe-
nen Köpfen gleichen (ihr
Name ist von dem grie-
chischen Wort *ophis*
(Schlange) abgeleitet. An
der Spitze des Blütensten-
gels finden sich Brutzwiebeln, die wie die restliche
Pflanze auch eßbar sind.
Die Knollen werden wie bei
A. sativum geerntet und
weisen ein angenehmes
Aroma auf.

21

Der Knoblauchanbau

KNOBLAUCH ZÄHLT ZU DEN ANSPRUCHSLOSESTEN KULTURPFLANZEN. MAN KANN IHN IM GARTEN, IN EINEM KÜBEL ODER BLUMENTOPF ZIEHEN. ER WIRD ABER AUCH IM GROSSEN STIL FÜR DEN HANDEL ANGEBAUT.

Im Agrarjahr wird jede Tätigkeit einem bestimmten Monat zugeschrieben. Knoblauch kann zur Zeit der Getreideernte und zur Zeit des Pflügens gepflanzt werden.

Knoblauch wird nicht aus Samen, sondern Zehen gezogen. Man kann Knoblauch für den Anbau entweder in einem speziellen Pflanzenhandel oder im Gemüseladen kaufen. Jeder Knoblauch ist gleichermaßen zum Kochen und zur Kultivierung geeignet. Wählen Sie kräftige Exemplare mit großen Zehen aus, die nicht geschrumpft oder ausgetrieben sind. Es dürfen weder weiche Stellen noch Schimmel oder Verfärbungen zu sehen sein; die Zehen sollten sich leicht voneinander lösen, ohne Schaden zu nehmen.

Mittelalterliche Lehre

Die Schärfe von Knoblauch ist wesentlich geringer, wenn sich der Mond bei Pflanzung und Ernte unterhalb des Horizonts befindet.

Diese Abbildung stammt aus einem französischen Jahrbuch des 15. Jahrhunderts und zeigt einen Bauern bei der Aussaat. Die Knoblauchzehen müssen einzeln, ungefähr fünf Zentimeter tief, gepflanzt werden.

Richtige Pflanzzeit

In gemäßigten Klimazonen – zu denen die meisten in Nordeuropa zählen –, in denen der Boden während des Winters nicht lange Zeit durchgefroren ist, kann man Knoblauch im Herbst, ungefähr vier Wochen vor dem ersten strengen Frost, pflanzen. Dies kann im September oder Anfang Oktober, in wärmeren Regionen auch etwas später der Fall sein.

Da dem Knoblauch bei der Herbstpflanzung eine längere Wachstumsperiode zur Verfügung steht, ist er in der Regel größer als bei der Frühjahrspflanzung. Sofern lange Frostperioden vorherrschen (in denen die Zehen verfaulen können) und ein rauhes Klima besteht, ist die Frühjahrspflanzung vorzuziehen. Mit Beginn der warmen Periode holen die Pflanzen bald diese Verzögerung auf. Um eine lange Wachstumsperiode sicherzustellen, sollte man die Zehen Anfang März einsetzen.

Vorbereitung des Knoblauchs

Sofern die Wintertemperaturen in der Pflanzregion nicht unter zehn Grad fallen, sind keine vor-

bereitenden Maßnahmen erforderlich. Sie können jedoch den Rat älterer Gartenbuchautoren befolgen und die Zehen mit Holzasche oder Ruß behandeln. Dies beugt Insektenbefall sowie Krankheiten vor und macht den Boden leicht alkalisch, was der Knoblauch bevorzugt.

In wärmeren Klimaregionen empfiehlt es sich, die Knoblauchzehen vor dem Pflanzen kühl zu lagern. Die Knolle wird dadurch zum gleichmäßigen Wachstum und zum Ausbilden einer ausreichend dicken Haut angeregt, was für eine gute Lagerung erforderlich ist. Die Zehen werden hierzu voneinander getrennt, bei zehn Grad einen Monat lang gelagert und zum kältesten Zeitpunkt eingesetzt.

Vorbereitung des Bodens und Pflanzung

Knoblauch gedeiht an einem sonnigen Standort in einem lockeren, sandigen Boden, der mit Stallmist oder Kompost angereichert ist. Man kann ihn in einen Gemüse- oder Kräutergarten oder zwischen Blumen pflanzen.

Die Erde zusammenrechen und fünf Zentimeter tiefe Löcher im Abstand von 20 Zentimeter vorbereiten. Der Abstand zwischen den einzelnen Reihen sollte 30 Zentimeter betragen, damit später ausreichend Platz zum Hacken und Unkrautjäten vorhanden ist. Nun den Knoblauch, mit der Triebspitze nach oben, in die Löcher setzen und mit Erde bedecken. Anschließend die Erde mit der Rückseite des Rechens festdrücken.

Pflege nach dem Pflanzen

Den Knoblauch bei trockenem Wetter regelmäßig gießen und die Erde von Unkraut befreien, sobald der Knoblauch ausgetrieben ist. Andernfalls könnten die Pflanzen ersticken. Eine aufgetragene Mulchschicht verhindert das Wachstum von Unkraut und hält gleichzeitig die Erde feucht. Kompost, verrottete Blätter oder Luzerne- beziehungsweise Kleeheu können als Mulch verwendet werden. Den Mulch auf der Erde liegenlassen, damit durch das Graben keine Schädlinge eingebracht werden.

Blüten

Knoblauch aus einer Herbstpflanzung blüht im späten Frühjahr oder frühen Sommer. Man kann die Blüten für Salat verwenden. Die zwischen den Blüten befindlichen Brutzwiebeln werden entfernt, um das Wachstum der Hauptzwiebel anzuregen. Auch sie sind eine ausgezeichnete Salatzutat. Manche Autoren empfehlen ein Ausbrechen die Blütenstiele, da dadurch das Wachstum der Knolle gefördert wird.

Pflanzung im 18. Jahrhundert

Knoblauch wächst als Knolle, die in kleine Zehen unterteilt ist, wobei jede getrennt in einigermaßen gute Erde gesetzt wird, im Februar oder März, mit einem Abstand von ungefähr zehn Zentimeter voneinander. Wenn sie auf eine gewisse Höhe herangewachsen sind, binden wir im allgemeinen die innenliegenden Enden zu einem Knoten zusammen, um ein Schießen zu verhindern und das Wachstum der Knolle anzuregen. Wenn sich die Blätter im Juli oder August gelb färben, müssen die Knollen ausgegraben und in der Sonne getrocknet werden. Nachdem die kleinen Fasern und Stengel entfernt wurden, können die Knollen gebündelt und aufgehängt werden.

ADAM'S LUXURY AND EYE'S COOKERY, ANONYM, 1764

Blühender Riesenknoblauch (Allium gigantum). Wenn man die Knollen in der Erde läßt, bringen sie im darauffolgenden Frühjahr hübsche, kugelförmige Blüten hervor.

23

Knoblauch in Kübeln

Man kann Knoblauch erfolgreich in Gartenkübeln kultivieren. Die Gefäße müssen an einem sonnigen Standort stehen und mit lockerer, nährstoffreicher Erde gefüllt sein. Die Pflanzen können im Frühjahr oder Herbst mit einem Abstand von zehn Zentimetern gepflanzt werden. Man muß den Kübel reichlich gießen und für einen ausreichenden Wasserabzug sorgen.

Knoblauch im Blumentopf

Im Herbst einen Blumentopf mit einem Durchmesser von 15 Zentimetern mit Pflanzenerde auf Kompostbasis füllen und eine Knoblauchzehe ungefähr 3 Zentimeter tief hineinsetzen. Den Topf an einen kühlen, dunklen Ort stellen und die Erde feucht halten. Sobald die Pflanze anfängt zu treiben (etwa im Dezember), stellt man den Topf in einen kühlen Raum oder ein Gewächshaus, im März kann er ins Freie. Die Knollen können im August geerntet werden.

Begleitpflanzung

Knoblauch enthält reichlich Schwefel und soll die Bodenbeschaffenheit verbessern. Man nimmt an, daß die aus den Wurzeln freigesetzten Substanzen das Wachstum benachbarter Pflanzen fördern. Rosen sollen von Knoblauch in ihrer Nähe profitieren, auch ihr Duft soll sich dadurch verstärken. Man sagt dem Knoblauch zudem eine heilende Wirkung gegen die Kräuselkrankheit bei Pfirsichbäumen nach. Erbsen und Bohnen vertragen hingegen keinen Knoblauch in ihrer Nähe.

Ernte

Man sollte den Knoblauch ernten, wenn die Blätter lederartig und trocken aussehen. Knoblauch aus der Herbstpflanzung kann im Juli geerntet werden, Frühjahrsknoblauch ist erst im August reif – dies ist jedoch vom Sommerwetter abhängig. Für die Ernte wählt man einen sonnigen, trockenen Tag. Die Erde um und unter dem Knoblauch mit einer Harke lockern und die Knolle an den Blättern vorsichtig aus dem Boden ziehen,

Knoblauch läßt sich problemlos kultivieren; er gedeiht sowohl im Garten als auch in einem Blumentopf.

Kommerzieller Knoblauchanbau in Kalifornien

Auf kalifornischen Knoblauchfeldern werden verschiedene Kultursorten von Allium sativum angebaut. Die Ernte findet in der Regel im Juli statt, der Ertrag eines Felds liegt durchschnittlich bei 590 Kilogramm.

Die Pflanzen werden aus der Erde genommen, in Reihen angeordnet und zum Trocknen in die Sonne gelegt und dem Wind ausgesetzt. Um Verbrennungen zu verhindern, werden die Knollen mit den Blättern benachbarter Pflanzen abgedeckt. Auch Stroh und Erde werden zum Abdecken verwendet. Dieser Trocknungsprozeß dauert ungefähr drei Wochen, die Dauer hängt jedoch von der Größe der Pflanzen und dem Wetter ab. Nach dem Trocknen wird der Knoblauch von Hand geschnitten, nach Güteklassen eingeteilt und sortiert und in den Handel gebracht.

so daß die Pflanze unversehrt bleibt. Oder die Knolle von unten her mit einem langen Pflanzenheber aus der Erde zu ziehen. Die Wurzeln sind in der Regel bedeutungslos und können leicht entfernt werden. Die Knollen legt man anschließend etwa zwei Stunden in die Sonne.

Kauf und Lagerung von Knoblauch

Halten Sie beim Kauf Ausschau nach großen, sauberen, festen Knollen mit trockener, unbeschädigter Haut.

Bewahren Sie die Knollen und Zehen in einem speziellen Knoblauchtopf, einem Drahtkorb oder einem Netz auf. Auch ein Gemüseregal ist geeignet. Den Knoblauch stets an einem kühlen, luftigen, trockenen Ort aufbewahren. Der Kühlschrank ist zum Lagern ungeeignet, da er das Aroma beeinträchtigt und ein Austrocknen verursacht.

Gekaufter Knoblauch hält sich ungefähr zwei Monate bei idealen Lagerbedingungen.

In warmen, trockenen Regionen kann der Knoblauch Sonne und Wind zum Trocknen ausgesetzt werden. Hier wurden die Knollen mitsamt Blättern auf einem Gestell zum Trocknen ausgelegt.

Trocknen

Die Knollen und Wurzeln weitgehend von Schmutz befreien und anschließend die erdige äußere Hautschicht abziehen. Die Triebe an der Knolle belassen.

Die Knollen auf einem Gestell oder Zeitungspapier ausbreiten und in einem trockenen, luftigen Schuppen ungefähr eine Woche lagern, bis die Blätter vollständig eingezogen sind.

Lagerung

Knoblauch kann gelagert werden, wenn die Haut trocken und papierdünn und die Wurzelkrone hart ist. Zum Aufbewahren einen Zopf flechten, die Knollen zu Bündeln zusammenbinden oder die vertrockneten Triebe entfernen und die Knollen in einem Netz lagern. Den Knoblauch an einem kühlen, trockenen Platz aufhängen.

Selbstgezogene Knollen können ungefähr sechs Monate aufbewahrt werden, sofern sie nicht übermäßig kalt oder feucht gelagert wer-

den. Der Geschmack wird beeinträchtigt, wenn der Knoblauch weich und modrig oder hart und schrumpelig wird oder auszutreiben beginnt. Knoblauch eignet sich nicht zum Einfrieren.

Zehen für das nächste Jahr

Für eine vergleichbare Ernte im nächsten Jahr muß man ungefähr zehn Prozent der Zehen beiseite legen. Man wählt hierfür möglichst große Zehen aus und lagert sie bis zur Pflanzzeit an einem kühlen, trockenen Ort.

Mehrjähriger Knoblauch

Bei ausreichendem Platzangebot kann der Knoblauch weiterhin in der Erde verbleiben und muß nicht geerntet werden. Da sich die Knollen unterirdisch vermehren, steht jedes Jahr frischer Knoblauch zur Verfügung. Wenn sich der Knoblauch zu sehr ausbreitet, kann man einzelne Knollen im Herbst ausgraben.

Es sieht dekorativ aus, wenn man die getrockneten Stiele der Knoblauchknollen zu einem Zopf flicht und an einem trockenen Ort aufhängt.

Knoblauch und andere Kräuter wurden seit dem Mittelalter bis zum Beginn des 20. Jahrhunderts auf den Straßen verkauft. Dieser Stich zeigt einen Knoblauch- und Lorbeerverkäufer.

HEILMITTEL DER VERGANGENHEIT

KNOBLAUCH BEUGT KRANKHEITEN VOR, STÄRKT UND HILFT GEGEN VERSCHIEDENE BESCHWERDEN, WIE KEUCHHUSTEN, WÜRMER, VERSTOPFUNG UND ÖDEM. ES GIBT KAUM EIN LEIDEN, GEGEN DAS KNOBLAUCH IN DER VERGANGENHEIT NICHT VERSCHRIEBEN WURDE.

Eine von vielen volkstümlichen Bezeichnungen für Knoblauch lautete »Allheilmittel des armen Mannes«. Aufgrund seiner einfachen Kultivierung und seines schnellen Wachstums war Knoblauch für die ärmeren Schichten stets leicht verfügbar, die sich jahrtausendelang seine vielfältigen gesundheitsfördernden Eigenschaften zunutze machten.

Die 500 Jahre alte Ayurvedische Heilmethode – eine in Indien praktizierte Form der Kräutermedizin – schließt auch heute noch Knoblauch in die Behandlung mit ein, insbesondere gegen Verdauungsstörungen, Heiserkeit und Typhus. Ebenso wird Knoblauch in der chinesischen Medizin seit 4000 Jahren verschrieben.

Die alten Ägypter schrieben medizinische Texte auf Papyrus nieder. Im »Buch des Todes« sind 22 knoblauchhaltige Heilmittel aufgelistet, unter anderem solche gegen Würmer und Herzbeschwerden. Wenngleich eine ägyptische Methode der Wurmbehandlung darin bestand, dem Leidenden einen Knoblauchstrang um den Hals zu hängen und nicht die Pflanze zu verabreichen, basieren die meisten Methoden auf zuverlässigen wissenschaftlichen Fakten und werden auch heute noch angewendet. Knoblauch wurde bei Insekten- und Schlangenbissen aufgetragen, Knollen vor dem Haus sollten Kriechtiere und Skorpione fernhalten.

In Ägypten und vielen anderen Kulturkreisen wurde Knoblauch nicht nur zur Heilung, sondern auch zur Vorbeugung eingesetzt. Er sollte die Arbeiter stärken und sie vor Epidemien und durch Wasser übertragene Krankheiten schützen. Die alten Griechen und Römer schätzten die Eigenschaften der Pflanze, Krankheiten vorzubeugen und die Abwehrkraft zu stärken. Hippokrates, der Vater der modernen Medizin, verordnete Knoblauchanwendungen und setzte die Pflanze als harntreibendes Mittel und Abführmittel ein. In seiner wissenschaftlichen Abhandlung über die sterile Frau sprach er folgende Empfehlung aus:

Man nehme eine Knoblauchzehe, entferne die Haut und führe sie wie ein Pessar ein, am folgenden Morgen stelle man fest, ob der Atem der Frau nach Knoblauch riecht; falls dies zutrifft, wird sie empfangen, andernfalls wird sie es nicht.

Dies war in der Tat nur ein allgemeiner Hinweis auf den Gesundheitszustand des Patienten, der darauf beruht, daß das Knoblauchöl vom Körper absorbiert, stets über die Lungen ausgeschieden und über den Mund ausgeatmet wird. Bei der

Im alten Ägypten verwendete man Knoblauch zur Abwehr und Behandlung von Schlangenbissen; er wird im »Buch des Todes« aus der 21. Dynastie erwähnt.

RATTLE SNAKE.

Published by J. Stratford, Holborn Hill, Feb. 1st 1810.

Viele Schlangen sind außerordentlich giftig und verdienen zu Recht ihren todbringenden Ruf. Sofern man den alten Überlieferungen vertrauen darf, wurden die Tiere durch Knoblauch vom Haus oder Lager ferngehalten.

fraglichen Frau deutete dies darauf hin, daß sie sich in einem guten Gesundheitszustand befand und zu einer Geburt durchaus in der Lage war.

Dioskurides, ein römischer Arzt, verschrieb eine Mischung aus Milch, Knoblauch und Honig gegen Heiserkeit und Halsentzündung. Er erkannte die tonisierenden Eigenschaften des Knoblauchs und verschrieb ihn gegen Asthma, Würmer und zur Diurese. Bei Mausbissen verwendete er einen Verband, der Knoblauch, Feigenblätter und Kümmel enthielt. Knoblauchhaltige Verbände wurden auch zur Linderung von Hämorrhoidenbeschwerden verwendet.

Der römische Dichter Vergil beschrieb Knoblauch in seinem Gedicht »Der leidenschaftliche Hirte zu seiner Liebsten« als allgemeines Stär-

Während der großen Pestepidemie im Jahre 1664 war Knoblauch bei jedermann zur Infektionsabwehr äußerst begehrt, so daß die Knollen allmählich wertvoller als Gold wurden.

kungsmittel für die Arbeiter auf dem Land. Es gab »eine duftende Suppe aus zerstoßenem Knoblauch und Thymian für die Mäher, die von der sengenden Hitze erschöpft waren«.

Ebenso wie die Ägypter verwendeten auch die Römer Knoblauch zur Abwehr von Schlangen und Skorpionen. Plinius beschrieb in seiner »Historia Naturalis« diese Anwendungsmöglichkeit neben sechzig weiteren Knoblauchheilmitteln gegen so verschiedenartige Zustände wie Wahnsinn, Husten, Bißverletzungen und Libidoverlust. Für medizinische Anwendungen mußte laut Plinius der Knoblauch zerstoßen und mit Wein oder Koriander in Honig gekocht werden.

Viele Behandlungen der Römer wurden bis zum Mittelalter angewendet. Knoblauch zur Behandlung von Bissen und Stichen – auch vom Propheten Mohammed empfohlen – verschrieb der englische Gelehrte Alexander Neckam Ende des 12. Jahrhunderts. Auch den Angelsachsen war Knoblauch wohlbekannt; sie kochten ihn in Hühnerbrühe als Heilmittel gegen Verstopfung.

In den Klostergärten Europas wurden im Mittelalter große Mengen Knoblauch angebaut. Die Knollen wurden nach der Ernte zusammengeflochten, aufgehängt und zur Desinfektion von Wunden verwendet; in Gänsefett zerrieben kamen sie als Heilmittel bei Brustbeschwerden zum Einsatz.

Statt sich grotesk zu verkleiden hätten die venezianischen Ärzte bei Ausbruch der Pest besser Knoblauch essen sollen.

27

Knoblauch – Allium ampeloprasum

BESCHREIBUNG – Die Wurzeln bestehen aus mehreren Zehen oder Knöllchen, die rötlich-weiß gefärbt und kreisförmig angeordnet sind, sie sind von einer Haut umgeben und weisen an der Unterseite mehrere kleine Fasern auf. Die langen, breiten Blätter gleichen denen des Lauchs, am Ende der zwei bis drei Fuß hohen Stiele sitzt eine Dolde, die aus kleinen, weißen, fünfblättrigen Blüten besteht. Die Pflanze, vor allem die Wurzel, weist einen sehr intensiven, unangenehmen Geruch auf.

VORKOMMEN – Sie ist im Osten beheimatet, wird aber überall in Gärten kultiviert.

BLÜTEZEIT – Sie blüht im Juni und Juli.

EIGENSCHAFTEN – Das Kraut wurde früher als Heilmittel des armen Mannes bezeichnet und zur Behandlung von Krankheiten und Wunden verwendet. Es regt den Urinfluß und die Menstruation an, hilft bei Bißverletzungen tollwütiger Hunde und anderer giftiger Kreaturen; es tötet Würmer bei Kindern ab, fördert den Auswurf von zähem Schleim, befreit den Kopf und besiegt die Lethargie; zudem wirkt es vorbeugend und heilend gegen sämtliche Seuchen, Entzündungen und Geschwüre; es entfernt Flecken und Verunstaltungen der Haut, lindert Ohrenschmerzen, Ödeme und andere Schwellungen. Neben den genannten Eigenschaften weist Knoblauch darüber hinaus eine Besonderheit bei der Beseitigung gewisser Unannehmlichkeiten auf, die durch ansteckendes Fieber, mineralische Dämpfe, das Trinken von verdorbenem oder stinkendem Wasser sowie den Verzehr von Eisenhut, Bilsenkraut, Schierling oder anderen giftigen und gefährlichen Pflanzen hervorgerufen werden. Hilfreich ist er zudem bei Wassersucht, Gelbsucht, Fallsucht, Krämpfen, Epilepsie, Hämorrhoiden oder Erkältungskrankheiten. Man muß aber auch die negativen Eigenschaften berücksichtigen. Seine Wärme ist sehr heftig, und alle warmen Dinge lassen die Temperatur des Gehirns abnorm ansteigen. Bei einem cholerischen Menschen wirkt dies wie Öl auf ein Feuer; ein melancholischer Mensch wird seinen Humor verlieren und Fieberphantasien sowie sonderbare Gedanken entwickeln. Aus diesem Grund muß die innere Anwendung mit Bedacht erfolgen, äußere Anwendungen verlangen hingegen weniger Vorsicht.

NICHOLAS CULPEPER, THE ENGLISH PHYSICIAN, 1640

Nicholas Culpeper war ein ausgebildeter Apotheker des 17. Jahrhunderts. Sein Buch »The English Physician« war für die häusliche Pflege der einfachen Bevölkerung vorgesehen; das Buch war zu seinen Lebzeiten und lange Zeit danach überaus populär. Diese Ausgabe erschien im Jahre 1814.

Häufig waren die Mönche für die in ihrer Gegend lebenden Kranken sowie die umherziehenden Bettler und Leprakranken verantwortlich, die an die Klostertore klopften. Knoblauch zählte zu den üblichen Heilmitteln gegen Lepra, wobei die Kranken selbst die Zehen schälen mußten. Während Seuchenzeiten trugen die Mönche und Ärzte im Mittelalter mit Knoblauch versehene Gesichtsmasken, um sich vor Ansteckung zu schützen.

In Frankreich und England wurde Knoblauch im Mittelalter von den Landarbeitern gekaut, um die Abwehrkräfte zu stärken und Krankheiten abzuwehren. Auch die Pilger trugen ihn während ihrer Reisen stets bei sich, um gesund zu bleiben. Knoblauch war eines der grünen Kräuter, die für die dicke Gemüsesuppe verwendet wurden; sie stellte im Mittelalter den Hauptbestandteil der Ernährung des einfachen Volkes dar und wurde vorbeugend gegen Skorbut verzehrt.

Während Knoblauch auch im 16. Jahrhundert geschätzt wurde, lehnte ihn die Oberschicht wegen seines Geruchs – selbst zu Heilzwecken – ab. William Bullein führte 1562 in seinem Buch »Book of Simples« aus, daß Knoblauch eine unfeine, sehr unangenehme Medizin für »feine Damen« sei, die »einen süßen Atem einer sanften Heilung vorziehen«. John Gerard erwähnte Knoblauch in seinem 1597 verfaßten, sehr ausführlichen Kräuterbuch mit keinem Wort.

Als London im Jahre 1608 von einer Pestepidemie heimgesucht wurde, wurde Knoblauch weder von der Oberschicht verzehrt und verwendet noch von den Priestern, die regelmäßig die Kranken und Sterbenden versorgten. Während die knoblauchessenden französischen Priester überlebten, starben viele der englischen Priester.

Nicholas Culpeper, ein Kräuterheilkundiger aus dem 17. Jahrhundert, zählte unzählige Anwendungen für Knoblauch auf, wenngleich er sich kritisch über den »sehr intensiven und unangenehmen Geruch« äußerte. Er bezeichnete ihn als Heilmittel für alle Krankheiten und Wunden (außer solchen, die durch die Pflanze hervorgerufen wurden).

Im 17. Jahrhundert verwendete die ländliche Bevölkerung weiterhin Knoblauch als Heilmittel gegen alle möglichen Leiden. Rebecca Price nennt in ihrem Buch »The Compleat Cook. The Secrets of a Seventeenth Century Housewife« zwei Knoblauchrezepte für medizinische Zwecke – ein Sirupezept und eines für eingelegten Knoblauch. Beide wurden zur Behandlung von Husten, Erkältung und Schwindsucht empfohlen. Viele Autoren empfahlen das Aufgießen oder Aufkochen von Knoblauch vor der Einnahme, um den Geruch zu mildern.

Als 1720 die Pest in Marseille wütete, brachen vier notorische Diebe in die Häuser von Verstorbenen und Sterbenden ein, um deren Kleider und Wertgegenstände zu stehlen. Die Plünderer überlebten gesund und munter, da sie zuvor einen Trank aus zerkleinertem Knoblauch und Rotwein zu sich genommen hatten, der als »Essig der vier Diebe« bekannt wurde.

Im ganzen Mittelmeergebiet wurde Knoblauch im 18. und 19. Jahrhundert – wie zuvor schon von den Römern – zum Schutz vor Sonnenbrand und Sonnenstich eingesetzt. Bevor sich die Feldarbeiter der Sonne aussetzten, verzehrten sie Knoblauch und rieben sich mit seinem Saft Lippen und Nase ein.

Die antiseptischen Eigenschaften waren Anfang des 20. Jahrhunderts derart anerkannt, daß Knoblauch im Ersten Weltkrieg in Feldlazaretten zur Vorbeugung gegen Blutvergiftung und Wundbrand eingesetzt wurde. Hierzu wurde der Knoblauch zerstoßen, ausgepreßt, mit Wasser versetzt und auf Torfmoostupfer aufgebracht, mit denen schließlich die Wunden behandelt wurden. Die britische Regierung versprach jedermann die Zahlung von einem Schilling für ein Pfund Knoblauch, um die Versorgung in den Lazaretten aufrechtzuerhalten. M. Grieve schrieb 1931 in ihrem Buch »A Modern Herbal«, daß »viele tausend Soldaten durch diese Knoblauchbehandlung gerettet wurden«.

Da Knoblauch nach dem Ersten Weltkrieg von den Russen als Heilmittel verwendet wurde, erhielt er den Namen »russisches Penizillin«. Auch im Zweiten Weltkrieg kam er erneut bei Russen, Briten und Deutschen zum Einsatz.

In der ersten Hälfte des 20. Jahrhunderts war Knoblauch weiterhin als bewährtes Heilmittel geschätzt, während er in Großbritannien völlig aus den Küchen verschwand. Den Kindern wurde die Brust mit Gänsefett und Knoblauch eingerieben, um Husten, Erkältungen und Keuchhusten zu lindern. Auf Gliedern und Gelenken half die gleiche Mischung gegen rheumatische Beschwerden und Arthritis. Durch den Verzehr erhoffte man sich Heilung von Epilepsie, eine zerkleinerte Knoblauchzehe stellte das Riechsalz der Frauen auf dem Land dar, und zerkleinerter Knoblauch in Wein war als guter Digestif bekannt. Die Zigeuner, die ihn stets verwendeten, schätzten seine Kräfte und nannten ihn »Moly« [zauberabwehrendes Kraut in der Odyssee].

Die Götter ließen Umsicht walten, um einen Namen für mich zu finden. Um meinen Wert zu verdeutlichen, wählten sie einen mystischen Namen und nannten mich Moly.

ALTER RÖMISCHER SPRUCH

Früher bedeutete eine üppige Versorgung eine gute Gesundheit für die ganze Familie. Heute ist der Ruf des Knoblauchs als Heilpflanze gefestigt, man findet ihn in nahezu jeder Apotheke und in Supermärkten.

HEILMITTEL DER GEGENWART

JAHRTAUSENDELANG STELLTE KNOBLAUCH EIN LEICHT ERHÄLTLICHES
HEILMITTEL FÜR DIE EINFACHE BEVÖLKERUNG DAR, UND IN DEN VERGANGENEN
30 JAHREN WURDEN VIELE DER IHM ZUGESCHRIEBENEN HEILWIRKUNGEN
WISSENSCHAFTLICH BESTÄTIGT.

In den achtziger und neunziger Jahren haben Forscher aus Deutschland, Indien, Japan, den Vereinigten Staaten und anderswo den positiven Einfluß von Knoblauch auf die Senkung des Blutcholesterinspiegels, die Kontrolle von Blutgerinnselbildung und die Behandlung bestimmter Krebsarten untersucht. Der erste Weltkongreß über die Bedeutung von Knoblauch und seinen Bestandteilen fand 1990 in Washington statt.

Wenngleich einige der dem Knoblauch zugeschriebenen Heilkräfte unklar blieben, konnten dennoch viele seiner historischen Heilwirkungen bestätigt werden. Die meisten Forscher stimmen darin überein, daß ein regelmäßiger Verzehr von Knoblauch förderlich für die allgemeine Gesundheit ist. Knoblauch ist ein Beispiel dafür, daß Pflanzen häufig gleichzeitig Nahrungsmittel und Medizin sind.

Sämtliche Bestandteile des Knoblauchs sind heilsam. Er enthält Vitamin A und B, ist reich an alkalischen Salzen, schwefelhaltigen Aminosäuren und ätherischen Ölen. In diesem Öl findet sich eine Substanz namens Alliin, die beim Schneiden oder Zerstoßen der Zehen in Allicin umgewandelt wird. Unter Einwirkung von Luft wird Allicin schließlich zu Diallyldisulfid umgewandelt. Es ist diese letztgenannte Substanz, die dem Knoblauch seine antibakterielle Wirkung verleiht.

Knoblauchöl wird mit Hilfe von Dampf aus den zerstoßenen Knollen extrahiert und zu medizinischen Zwecken in China, Japan, Ägypten, Bulgarien, Frankreich und Deutschland verwendet. Das Öl wird zu Knoblauchkapseln verarbeitet oder Reformhauskost zugesetzt. Einige Mediziner halten derart verarbeiteten Knoblauch für ebenso wirksam wie die rohe Knolle, während andere auf rohen Knoblauch schwören.

Durch den regelmäßigen Verzehr von Knoblauch wird die Bildung der weißen Blutkörperchen gefördert, die zur Abwehr von Infektionen erforderlich sind. Zudem können Bakterien im Körper leichter zerstört werden. Die gleiche antibakterielle Wirkung fördert zudem die Verdauung.

Knoblauch kann die Bildung nützlicher Bakterien im Verdauungstrakt begünstigen, während er schädliche Keime gleichzeitig abwehrt. Darüber hinaus wirkt Knoblauch appetitanregend, wenn man das Verlangen nach Nahrung verloren hat. Ein regelmäßiger Verzehr hilft gegen Blähungen.

Nach der Aufnahme in den Körper wird das ätherische Öl über die Lungen ausgeschieden, ohne etwas von seiner Heilkraft zu verlieren. Aus diesem Grund ist es hilfreich bei der Behandlung von Atemwegsinfektionen wie Husten.

Man schrieb dem Knoblauch schon lange eine positive Wirkung auf das Blut zu. Seine alkalischen Salze und schwefelhaltigen Komponenten haben eine reinigende Wirkung. Da Knoblauch blutdrucksenkend wirkt, verringert er das Risiko eines Schlaganfalls. Er verhindert die Ablagerung von Fetten in den Arterien, die zu einer Arteriosklerose führen (koronare Herzerkrankung). Neuere Untersuchungen haben ergeben, daß Knoblauch zur Senkung von LDL-Cholesterin (Low-density-lipoprotein-Cholesterin) und zum Anstieg von wertvollem HDL-Cholesterin (High-density-lipoprotein-Cholesterin) führt.

Knoblauch wirkt wurmabtreibend und hilft bei der Beseitigung von Parasiten aus dem Körper. Neben der Beseitigung unerwünschter »Darmbesucher«, wie Würmern, können zudem verschiedene Störungen der Haut mit Knoblauch behandelt werden, insbesondere solche, bei denen die Haut von Mikroorganismen befallen wurde. Die Eiterflechte, eine hochansteckende Erkrankung, die vor allem bei Kindern auftritt, kann durch eine Diät mit Vitamin-C-reichem Gemüse und Knoblauch gelindert werden.

Bei einem Warzenbefall kommt es durch regelmäßigen Verzehr von Knoblauch zur Reinigung des lymphatischen Systems und dadurch zur Heilung der Krankheit. Knoblauch ist zudem ein natürliches Desinfektionsmittel, dessen Saft zur schnellen und problemlosen Heilung von kleinen Wunden beiträgt. Untersuchungen haben gezeigt, daß Tumorerkrankungen bei Ratten durch Injektion von Knoblauchextrakt geheilt werden konnten. Vielleicht wird Knoblauch in Zukunft Bestandteil einer Diät sein, um die Auswirkungen von Krebserkrankungen zu bekämpfen.

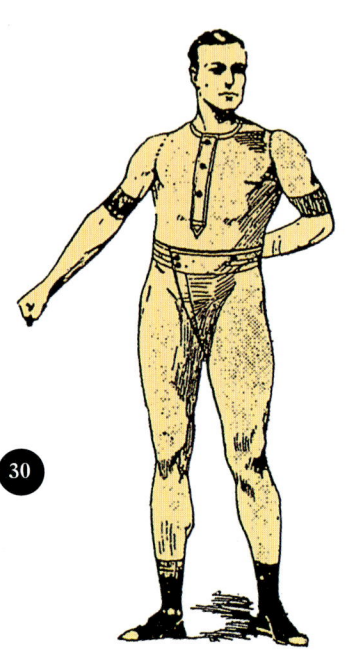

Heute ist medizinisch bewiesen, daß Knoblauch wertvolle Dienste bei der Erhaltung der Gesundheit leistet. Sein seit langem bestehender guter Ruf konnte damit bestätigt werden.

Knoblauchkapseln aus konzentriertem Knoblauchöl werden in vielen Ländern für medizinische Zwecke verwendet.

KNOBLAUCH-HEILMITTEL

Knoblauch ist ein Vorbeugungs- und allgemeines Stärkungsmittel. Er reguliert die Verdauung sowie den Blutdruck und sollte daher regelmäßig – mindestens einmal täglich – verzehrt werden. Dies geht am einfachsten, wenn man den Knoblauch zerdrückt und für ein Salatdressing (siehe Seite 115) verwendet. Im folgenden sind einige einfache Heilmittel zur Behandlung von geringfügigen Beschwerden und Leiden aufgeführt.

Gurgelmittel gegen Halsentzündungen

$^1/_4$ l Wasser in einen Topf gießen. 1 Prise Cayennepfeffer, 1/2 Knoblauchzehe, 1 TL Apfelessig und 2 TL Honig dazugeben. Alles aufkochen lassen, anschließend von der Herdplatte nehmen und abgedeckt abkühlen lassen. Die Flüssigkeit abseihen und dreimal täglich zum Gurgeln verwenden.

Knoblauchsirup gegen Husten und Erkältungen

$^1/_4$ l Apfelessig in einen Topf gießen. Je 1 EL Kümmel- und Fenchelsaat dazugeben. Alles aufkochen lassen, 50 g gehackten Knoblauch hinzufügen und das Ganze 5 Minuten köcheln lassen. Die Flüssigkeit abseihen, in den gesäuberten Topf zurückgießen und 275 g Honig dazugeben. Erneut zum Kochen bringen und 5 Minuten kräftig kochen lassen. Den Sirup abkühlen lassen und in ein Gefäß umfüllen. Erwachsene nehmen 1 EL Sirup alle 2 Stunden ein, Kinder 1 TL.

Linderung bei Atemwegsinfektionen

Die Fußsohlen mit einer gehackten Knoblauchzehe abreiben. Die Öle werden über die Haut aufgenommen und im Blut zu den Lungen transportiert. Die Brust mit Knoblauchöl einreiben (siehe Rheuma-Behandlung).

Knoblauchöl gegen Rheuma und Verstauchungen

$^1/_4$ l Oliven- oder Weizenkeimöl in eine Flasche gießen. 4 geschälte und zerdrückte Knoblauchzehen dazugeben. Die Flasche luftdicht verschließen und 7 Tage an einen warmen Ort stellen. Das Öl abseihen und in die gesäuberte Flasche füllen. Zum Einreiben verwenden und die betroffene Stelle täglich mit etwas Öl einreiben.

Tee gegen Erkältungen und Brustbeschwerden

50 g Knoblauch zerdrücken und in einen Krug füllen. $^1/_4$ l kochendes Wasser dazugießen und zugedeckt 12 Stunden ziehen lassen. Anschließend die Flüssigkeit abseihen. Erwachsene nehmen alle 2 Stunden 1 EL Tee ein. Für Kinder die Knoblauchmenge und Dosierung folgendermaßen ändern:

1 bis 2 Jahre: 25 g Knoblauch; 1 TL Tee
5 bis 12 Jahre: 40 g Knoblauch; 2 TL Tee

Mittel gegen Ameisen- oder Mückenstiche

Die Einstichstelle mit einer zerdrückten Knoblauchzehe einreiben.

Linderung bei Erkältungskopfschmerz

Mehrmals täglich das Öl einer zerschnittenen oder zerdrückten Knoblauchzehe inhalieren.

Heilmittel gegen Hühneraugen

Ein Stück Knoblauch von der gleichen Größe wie das Hühnerauge zurechtschneiden, auf das Hühnerauge legen und mit einem Pflaster oder Verband befestigen. Den Knoblauch täglich erneuern, bis das Hühnerauge abfällt.

31

Sagen und Legenden über Knoblauch

Aufgrund seines intensiven Geruchs und seiner bemerkenswerten medizinischen Eigenschaften wurden dem Knoblauch im Lauf der Jahrhunderte viele magische Eigenschaften zugeschrieben. Man räumte ihm heilende, schützende und exorzistische Kräfte ein, verwendete ihn zur Steigerung der Begierde sowie zur Abschreckung von Dieben und hielt ihn sogar für heilig.

Im alten Griechenland war Knoblauch eine Opfergabe für die Göttin Hekate, die hier in dreifacher Gestalt als Mädchen, Mutter und alte Frau dargestellt ist. Knoblauch wurde häufig als »Abendessen Hekates« bezeichnet.

Knoblauch wurde aufgrund seiner wärmenden Eigenschaften mit Mars, dem Gott des Krieges und des Feuers, in Verbindung gebracht. Diese Statue befindet sich heute im Kapitolmuseum in Rom.

Plinius zufolge wurde Knoblauch von den alten Ägyptern derart verehrt, daß sie ihn für etwas Heiliges hielten und auf ihn einen Eid schworen. Der römische Satiriker Juvenal sagte, »jede einzelne Knoblauchzehe hat eine heilige Blüte«, und die europäischen Zigeuner hielten Knoblauch, auch »Moly«, genannt, für heilig.

In der klassischen Mythologie war Knoblauch eine männliche Pflanze, die von dem Kriegsgott Mars und dem Element Feuer beherrscht wurde. Zudem war er Hekate, der dunklen Göttin des Nachthimmels, der Unterwelt und der Zauberei, geweiht. Der Schutzgöttin von Herden, Seeleuten und weisen Frauen sagte man nach, auf Friedhöfen und Schauplätzen von Verbrechen als Gottheit der Läuterung und Sühne umherzuspuken. All diese Eigenschaften wurden gleichzeitig mit Knoblauch in Verbindung gebracht.

Statuen zeigen Hekate häufig in dreifacher Gestalt als Mädchen, Mutter und alte Frau; sie wurden an Kreuzungen aufgestellt, an denen die Reisenden drei Richtungen gegenüberstanden. Als Gaben brachten ihr die alten Griechen Knoblauch dar, der als »Abendessen Hekates« bezeichnet wurde. Er mußte um Mitternacht, am Tag vor dem Vollmond, gebracht werden. Der Spender mußte den Knoblauch auf einen Steinhaufen legen, der eigens zu diesem Zweck errichtet wurde, und sich anschließend schnell entfernen, ohne zurückzusehen. Die frühesten Aufzeichnungen über die Opfergaben der Hekate stammen von Theophrastus aus dem 4. bis 3. Jahrhundert v. Chr.

Knoblauch stand in dem Ruf, vor bösen Kräften zu schützen, insbesondere während der dunklen Stunden. Man sagte ihm nach, negative Einflüsse, Diebe und jedermann mit bösen oder neidvollen Absichten abzuwehren und Hexen unter Kontrolle zu halten. Aus diesem Grund hängte man einzelne Knollen oder Knoblauchkränze über und neben den Eingang, rieb Fensterbretter und Türgriffe mit zerriebenem Knoblauch ein und streute Knoblauchpulver auf den Boden. Im 16. Jahrhundert beschrieb der flämische Botaniker Clusius, daß Bergarbeiter Knoblauch bei ihrer Arbeit unter Tage mit sich führten, um die dort lebenden bösen Mächte zu vertreiben. In vielen Ländern der Erde besteht noch heute die Gepflogenheit, Knoblauch bei sich zu tragen, der den Träger vor bösen Blicken, Dämonen oder Ungeheuern schützen soll. Im Sanskrit wurde Knoblauch als »Mörder der Ungeheuer« bezeichnet. Eine andere Möglichkeit des Schutzes bestand darin, Knoblauch mit sich zu führen und hineinzubeißen, sobald man das Böse herannahen fühlte. In Homers Epos »Odyssee« aß Odysseus auf Geheiß des Gottes Hermes »gelben Knoblauch«, um nicht wie seine Begleiter von der Zauberin Circe in ein Schwein verwandelt zu werden.

Reisende führten stets Knoblauch mit sich, um sich vor den zahlreichen Gefahren der Straße zu schützen. Bergsteiger erhofften sich von ihm einen Schutz vor schlechtem Wetter, und Seeleute sollte er vor Schiffbruch bewahren. Im Mittelalter trugen die Soldaten Knoblauch bei sich, der die Hiebe der Feinde ablenken sollte.

Knoblauch als Geschenk und Liebesbeweis für eine geliebte Person mutet zwar seltsam an, dem Knoblauch wird jedoch eine Steigerung der Begierde nachgesagt. Nachdem sie erhört worden waren, trugen die Bräute in manchen Ländern Knoblauch in ihrem Hochzeitsgewand mit sich, damit er ihnen Glück bringe.

In Sizilien wurde der Knoblauch in die Betten gebärender Frauen gelegt, um böse Mächte von Mutter und Kind abzuwehren. Sobald das Kind entbunden war, streuten die Mütter in vielen Ländern Knoblauch und schützende Kräuter und Substanzen, wie Salz und Eisen, um die Wiege, um das Kind bis zur Taufe zu schützen.

Dieser Druck aus dem 19. Jahrhundert zeigt Bergsteiger bei der Besteigung des Montblanc. Mitgeführter Knoblauch sollte die Bergsteiger vor schlechtem Wetter schützen.

33

Seeleute trugen als Schutz auf ihren langen Reisen zahlreiche Talismane bei sich. Sie glaubten, daß Knoblauch vor einem Schiffbruch schützt. Auf dieser Abbildung aus einer Schrift des 15. Jahrhunderts sieht der Mond auf die Seeleute herab. Ebenso wie die alten Griechen, die der Mondgöttin Hekate Knoblauch opferten, um sie zu beschwichtigen, führten die Seeleute zu ihrem Schutz Knoblauch mit sich.

Knoblauch im Traum

Es ist ein Zeichen bevorstehenden Glücks, wenn man im Traum Knoblauch als Geschenk bekommt. Wer hingegen Knoblauch verschenkt, verschenkt gleichzeitig all sein Glück.

Während man dem Knoblauch einerseits schützende Eigenschaften zuschrieb, wurde er andererseits von verschiedenen Religionen mit Skepsis betrachtet, da er aufgrund seines Geruchs mit dem Teufel und schmutzigen Gedanken in Verbindung gebracht wurde. Diese Ansicht vertraten bestimmte Vertreter des Christentums, Hinduismus, Islam und Zenbuddhismus. Vielen Schamanen in Nepal ist noch heute der Verzehr von Knoblauch untersagt. Dies trifft vor allem für Brahmanen und Angehörige der Chetri-Kasten zu. Sie glauben, daß der Verzehr von Knoblauch drei Monate vor dem Tod das Leben im Jenseits negativ beeinflusse.

Selbst im alten Griechenland, wo Knoblauch der Göttin Hekate geopfert wurde, war den Gläubigen der Verzehr von Knoblauch verboten, bevor sie den Tempel der Kybele, der »Großen Mutter« der Götter, betraten. Der schlechte Atem sollte sie nicht beleidigen oder die magischen Kräfte beeinflussen.

In Tempeln, die der griechischen Gottheit Kybele geweiht waren, war Knoblauch verboten.

34

Volksmedizin

Knoblauch ist eine der wirkungsvollsten Heilpflanzen überhaupt, die ebenso wie viele andere Kräuter und Heilmethoden gleichzeitig für medizinische und magische Zwecke eingesetzt wird. Es folgen einige der unzähligen volkstümlichen Knoblauchanwendungen:

• Die Kraft der Pflanze wird übertragen, wenn man sich den Hals mit Knoblauch einreibt. Diese Methode wurde von griechischen Athleten und römischen Soldaten angewendet.

Ein Dämon quält eine Menschenseele, abgebildet im »Dictionnaire Infernal« von 1863. Das Reiben von Knoblauchzehen über Türen und um Fenster sollte Dämonen fernhalten.

Islamische Legende

Als der Satan den Garten Eden verließ, schoß Knoblauch an der Stelle aus dem Boden, wo sein linker Fuß stand, und in den Abdrücken seines rechten Fußes kamen Zwiebeln zum Vorschein.

• Zur Behandlung von Masern zerreißt man ein Stück Leinenstoff in neun Teile. Man stellt Knoblauchpulver aus neun Knoblauchzehen her und streut es auf die Leinenstückchen. Die Teile werden um den Leidenden gebunden, neun Tage darauf belassen und anschließend im Garten vergraben. Der Patient ist geheilt, wenn die Teile verrottet sind.

• Laut sizilianischer Legende werden bestimmte Tumorarten weggezaubert, wenn man das Kreuzzeichen mit Knoblauch ausführt.

• Knoblauch in den Socken der Kinder soll Keuchhusten lindern. Dies scheint in der Tat kein Ammenmärchen zu sein, da das Einreiben der Fußsohlen mit zerdrücktem Knoblauch erwiesenermaßen zur Besserung von Bronchialbeschwerden führt.

• Man beugt einer Gelbsucht oder Hepatitis vor, wenn man 13 Tage eine Kette aus 13 Knoblauchzehen trägt. Am letzten Tag tritt man an eine Kreuzung, nimmt die Kette ab und wirft sie hinter sich. Man verläßt schnell den Ort, ohne zurückzublicken.

• Um den Körper von Krankheiten zu befreien, reibt man die befallene Stelle mit einer zerdrückten Knoblauchzehe ein und wirft sie anschließend in fließendes Wasser. Die pflanzlichen Behandlungen entwickelten sich häufig aus dem, was heute

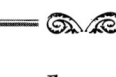

Römische Soldaten trugen eine Knoblauch-knolle um den Hals, die ihnen Kraft verleihen sollte, wenn sie sich auf eine lange Schiffsreise begaben oder in die Schlacht zogen. Dieses römische Pflastermo-saik stammt aus dem 1. oder 2. Jahrhundert v. Chr.

als »sympathetische Medizin« bezeichnet wird. Man glaubte, daß eine Pflanze, die einem be-stimmten Körperorgan glich, am wirkungsvollsten zur Behandlung dieses Organs geeignet ist. In ei-nem Buch mit dem Titel »Apperatus Planterum« wird ausgeführt: »Das Gewebe von Knoblauch ist rötlich: es vertreibt Blut. Er besitzt einen hohlen Stiel und hilft gegen Atemwegserkrankungen.«

Nahrungszauberei

Knoblauch besitzt nicht nur heilende Kräfte, sondern ist zudem eine hervorragende Kochzu-tat. Nahrung und Zauberei wurden seit jeher in Verbindung gebracht. Der älteste erhaltene chi-nesische Text, der »Shih Ching« oder »Das Lie-derbuch«, aus dem Jahre 600 v. Chr., erzählt vom Opfer des Frühjahrslammes. Während der ge-samten Wintermonate hatten die Männer Tiere wegen ihrer Felle und ihres Fleisches gejagt. Nach dem Pflügen im Frühjahr wurde bei einer

feierlichen Bußzeremonie ein Lamm geopfert, das mit Knoblauch gewürzt und über einem Stabwurzfeuer gebraten wurde.

Man glaubte, daß das Bestreichen von Töpfen und Pfannen negative Einflüsse beseitigt, die die Nahrung verunreinigen könnten. Dies könnte durch die Tatsache begründet sein, daß Knob-lauch ein natürliches Desinfektionsmittel ist.

In Frankreich glaubte man lange, daß der Ver-zehr von Knoblauch Trunkenheit verhindert. Nach der Geburt wurden die Lippen Heinrichs IV. von seinem Großvater mit Knoblauch bestrichen. Ver-mutlich sollte dies alles Böse abwehren und das Kind zu einem unbestechlichen und starken Herr-scher heranwachsen lassen. Heinrich entwickelte sich zu einem begeisterten Knoblauchesser, dem man nachsagte, daß »sein Atem einen Ochsen im Galopp zum Fallen bringen kann«.

Knoblauch und Magnete

Die alten Philosophen und Dichter, einschließlich Plinius, glaubten, daß ein Magnet beim Kontakt mit Knoblauch seine Kraft verliert.

Die griechische Legende erzählt, daß der Schäfer Magnes Magneteisenerz am Berg Ida entdeckte, als sein Hirtenstab davon angezogen wurde. Später glaubte man, daß Knoblauch auch magnetische Kräfte beseitigen kann.

Die Legende erzählt, daß sich Fledermäuse während der Nacht in blutsaugende Ungeheuer verwandeln. Durch den Verzehr von Knoblauch kann man sich vor ihnen schützen. Man glaubte, daß Vampire kein Blut mit Knoblauchgeschmack trinken würden.

Die Figur des Dracula, des berühmtesten aller Vampire, ging auf Vlad Dracul, einen Adeligen aus dem Balkan des 15. Jahrhunderts zurück. Er lebte in einem Schloß in Transsylvanien in Rumänien.

36

Knoblauch und Vampire

Vampire verabscheuen Knoblauch. Diese Legende ist auf der ganzen Welt bekannt. Aber wo fing alles an?

Erzählungen von bösen, blutsaugenden Lebewesen gibt es schon lange, aber erst im 16. Jahrhundert tauchten die ersten Geschichten über »neuzeitliche« Vampire in slawischen Gegenden und den Balkanstaaten in Osteuropa auf. Der Name stammt von verschiedenen osteuropäischen Wörtern ab, einschließlich des ungarischen Wortes *vampir*, das einen lebendigen Körper bezeichnet, der vermutlich nachts sein Grab mit bösen Absichten verläßt.

Eine Beschreibung der Vampire wurde im 17. Jahrhundert von dem griechischen Schriftsteller Leoni Allaci niedergeschrieben. Im Jahre 1746 veröffentlichte der französische Mönch Dom Augustin Calmet eine wissenschaftliche Abhandlung über dieses Thema, die zu einer raschen Verbreitung des Vampirmythos führte.

Die Geschichten von Vampiren paßten hervorragend zu den gotischen Schauermärchen, die

Man glaubte, daß Vampire die Gestalt von Menschen und Zwitterwesen annehmen. Diese Darstellung stammt von dem Künstler Ernest Griset aus dem 19. Jahrhundert; sie zeigt einen Baital, einen indischen Vampir, der in der Dunkelheit verschwindet.

um 1790 entstanden und bis ins 19. Jahrhundert erzählt wurden. Goethe, Byron, Southey und Baudelaire verfaßten allesamt Vampirgedichte. In Europa wurde das erste Bühnenstück über Vampire in den zwanziger Jahren des 19. Jahrhunderts in Paris aufgeführt, und Alexandre Dumas schrieb 1850 ein weiteres Bühnenstück über Vampire. Allmählich breitete sich in ganz Europa ein wahres »Vampirfieber« aus.

Im Jahre 1897 schrieb Bram Stoker die klassische Vampirgeschichte »Dracula«, die 1925 als Bühnenstück für das Londoner Theater bearbei-

Melodramatische Vampirgeschichten waren Ende des 19. Jahrhunderts äußerst beliebt. Diese Abbildung mit dem Titel »Das Blutfestmahl« stammt aus dem Buch »Der Vampir Varney«. Sicherlich hat das Opfer zu wenig Knoblauch gegessen!

tet wurde und später als Vorlage für unzählige Bücher, Aufführungen und Filme diente. Der Name Dracula stammt von einem sadistischen und grausamen Adeligen des Balkans aus dem 15. Jahrhundert namens *Dracul*, was im Rumänischen »Teufel« bedeutet. Stokers Geschichte beruhte auf einer Reihe von Vampirerzählungen.

Ein gemeinsames Element vieler dieser Legenden ist die Tatsache, daß Vampire neben Silber und dem Kreuz eine Abneigung gegen Knoblauch haben. Tagsüber sind die Vampire auf Gedeih und Verderb ihren Jägern ausgeliefert, nachts können sie mit den drei folgenden Waffen besiegt werden. Um Vampire vom Haus fernzuhalten, muß man Knoblauchblüten auf die Fensterbretter legen und sämtliche Eingänge mit Knoblauch bestreichen. Gefährdete Personen sollen eine Kette aus Knoblauchblüten oder -zehen um den Hals tragen. Ein Knoblauchkranz auf dem Grab eines Verstorbenen verhindert, daß dieser zum Vampir wird.

Obwohl all diese Märchen verschiedenen Ursprungs sind, zieht sich der Umstand, daß Knoblauch vor Schaden durch Dämonen, Vampire oder Krankheiten schützt, wie ein roter Faden durch sämtliche Geschichten.

ZUBEREITUNG VON KNOBLAUCH

DER GESCHMACK VON KNOBLAUCH WIRD VIEL MEHR VON DER ZUBEREITUNGSART ALS VON DER VERWENDETEN MENGE BEEINFLUSST.

Man erhält ein intensives Knoblaucharoma, wenn man zwei zerdrückte Knoblauchzehen zu einem Schmorgericht gibt. Zehn ganze Zehen hingegen verursachen einen milderen Geschmack.

Schälen

Wenngleich einige Rezepte (zum Beispiel zum Grillen) ungeschälten Knoblauch verlangen, muß meist die dünne äußere Haut entfernt werden. Hierzu verwendet man ein kleines Küchenmesser und entfernt zunächst den harten Wurzelansatz an der Unterseite der Zehe. Dabei löst sich bereits ein Teil der Schale ab, den Rest zieht man mit Hilfe des Messers ab.

Wer keinen Knoblauchgeruch an seinen Fingern wünscht, überläßt diese Arbeit einem Knoblauchschäler.

Zerquetschen

In manchen Rezepten werden zerquetschte Knoblauchzehen verwendet. Hierzu schält man zunächst den Knoblauch und schlägt anschließend mit einem schweren Gegenstand, zum Beispiel einem Nudelholz, darauf, bis die Zehe aufplatzt. Man darf die Zehe nur zerquetschen und nicht flach drücken. Zerquetschter Knoblauch wird manchmal im ganzen den Gerichten zugefügt. Er verleiht ein mildes, nussiges Aroma.

In Scheiben schneiden und hacken

Man kann Knoblauch sowohl quer als auch längs in Scheiben schneiden, abhängig von der Art der Nahrung und der verwendeten Kochmethode. Querscheiben werden häufiger für kurzgebratene Pfannen- und Schmorgerichte verwendet, während Längsscheiben in der Regel zum Spicken von Fleischgerichten, zum Beispiel von Lammkeule, benötigt werden.

Für feingehackten Knoblauch zunächst die Zehen auf einem Hackbrett in Scheiben schneiden. Hierzu ein schweres Küchenmesser an beiden Seiten halten und den Knoblauch mit kurzen, kräftigen Stößen so lange hacken, bis er ausreichend fein gehackt ist. Man kann auch ein Wiegemesser mit zwei

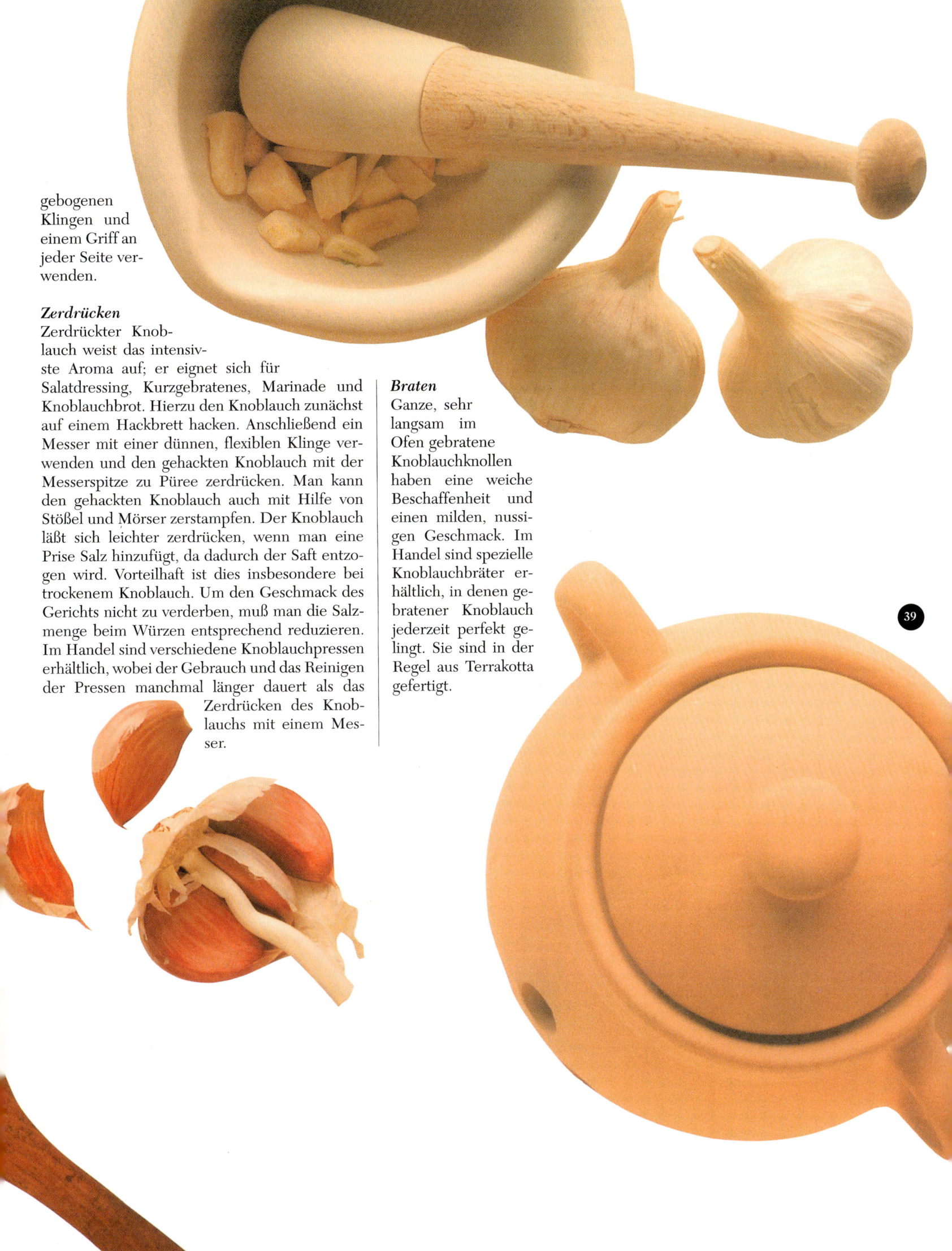

gebogenen Klingen und einem Griff an jeder Seite verwenden.

Zerdrücken

Zerdrückter Knoblauch weist das intensivste Aroma auf; er eignet sich für Salatdressing, Kurzgebratenes, Marinade und Knoblauchbrot. Hierzu den Knoblauch zunächst auf einem Hackbrett hacken. Anschließend ein Messer mit einer dünnen, flexiblen Klinge verwenden und den gehackten Knoblauch mit der Messerspitze zu Püree zerdrücken. Man kann den gehackten Knoblauch auch mit Hilfe von Stößel und Mörser zerstampfen. Der Knoblauch läßt sich leichter zerdrücken, wenn man eine Prise Salz hinzufügt, da dadurch der Saft entzogen wird. Vorteilhaft ist dies insbesondere bei trockenem Knoblauch. Um den Geschmack des Gerichts nicht zu verderben, muß man die Salzmenge beim Würzen entsprechend reduzieren. Im Handel sind verschiedene Knoblauchpressen erhältlich, wobei der Gebrauch und das Reinigen der Pressen manchmal länger dauert als das Zerdrücken des Knoblauchs mit einem Messer.

Braten

Ganze, sehr langsam im Ofen gebratene Knoblauchknollen haben eine weiche Beschaffenheit und einen milden, nussigen Geschmack. Im Handel sind spezielle Knoblauchbräter erhältlich, in denen gebratener Knoblauch jederzeit perfekt gelingt. Sie sind in der Regel aus Terrakotta gefertigt.

KAPITEL 1

VORSPEISEN UND SNACKS

Knoblauch regt aufgrund seines reichhaltigen Aromas den Appetit an und fördert die Verdauung. Welche Zutat ist also besser als Knoblauch geeignet, um einer verlockenden Vorspeise oder einem sättigenden Snack Würze und Aroma zu verleihen? Ein Gericht mit Knoblauch als Hauptzutat oder wichtigstem Gewürz wird zur perfekten Vorspeise.

VORSPEISEN UND SNACKS

Knoblauch kann einfache Gerichte in wahre Geschmackskompositionen verwandeln. In Butter geschwenkte Riesengarnelen werden mit Hilfe von zerdrücktem Knoblauch und Chilischoten zu einem warmen und pikanten Gericht, eine Schafskäse-Spinat-Tarte erhält durch Knoblauch ein besonderes Aroma. Die wärmende und nahrhafte französische Knoblauchsuppe ist ein einfaches, aber dennoch phantastisches, traditionelles Gericht aus der Provence. Eine

Knoblauch-Nudel-Suppe ist eine weitere sättigende Alternative aus Italien, die durch die Verwendung von Knoblauch den Appetit anregt. In der Tat paßt eine mit Knoblauch gewürzte Sauce zu allen Nudelsorten oder Gnocchi. Ein Knoblauchsoufflé, das mit einer ganzen gebratenen Knolle zubereitet wird, ziert jede Tafel zu besonderen Anlässen. Zu einem zwanglosen Essen hingegen eignen sich Kartoffelschalen mit verschiedenen knoblauchhaltigen Füllungen.

Die Erntearbeiter, *Pieter Bruegel der Ältere, 1565*

43

GEFÜLLTE KARTOFFELSCHALEN

Gefüllte Kartoffelschalen eignen sich hervorragend für ein zwangloses Treffen mit Freunden.

Für 4 Personen
3 große Kartoffeln, gewaschen
Pflanzenöl zum Backen
Salz

Pikante Hähnchenfüllung
1 EL Pflanzenöl
1 Knoblauchzehe, zerdrückt
1 Hähnchenbrustfilet, in
 dünnen Scheiben
frisch gemahlener schwarzer
 Pfeffer
1 EL Sojasauce
2 EL Joghurt
1 EL frischer Koriander,
 gehackt

Sahne-Pilz-Füllung
30 g Butter
1 Zwiebel, in dünnen Scheiben
1 Knoblauchzehe, zerdrückt
50 g junge Champignons,
 grob gehackt
3 EL weicher Rahmkäse

Garnelen-Kräuter-Füllung
3 EL Mayonnaise
2 EL saure Sahne
1 TL Zitronensaft
$1/_2$ Knoblauchzehe, zerdrückt
2 TL frischer Dill, gehackt
2 TL frisches Basilikum,
 gehackt
50 g geschälte, gekochte
 Garnelen

Den Ofen auf 200 Grad (Gas: Stufe 6) vorheizen. Die Kartoffeln einstechen und 1–1¼ Stunden weich backen.

Inzwischen die Füllungen zubereiten. Für die Hähnchenfüllung das Öl in einer Pfanne erhitzen, den Knoblauch dazugeben und 30 Sekunden darin dünsten. Die Hähnchenstücke hinzufügen und unter Rühren goldgelb braten. Mit reichlich schwarzem Pfeffer und Sojasauce würzen. Die Pfanne von der Herdplatte ziehen, Joghurt sowie Koriander hineinrühren, beiseite stellen. Für die Pilzfüllung die Butter in einer kleinen Pfanne schmelzen, die Zwiebeln dazugeben und darin mehrere Minuten braten, bis sie knusprig und goldgelb sind. Beiseite stellen. Die restliche Butter in einer Pfanne schmelzen und den zerdrückten Knoblauch darin 30 Sekunden dünsten. Die gehackten Pilze dazugeben und alles weitere 4 Minuten dünsten. Mit den Zwiebeln mischen und warm stellen. Für die Garnelenfüllung sämtliche Zutaten außer den Garnelen in eine kleine Schüssel füllen und gut mischen.

Die fertigen Kartoffeln aus dem Ofen nehmen und leicht abkühlen lassen. Die Kartoffeln längs halbieren, den Großteil des Fleisches bis auf einen 1 Zentimeter dicken Rand entfernen. Das entfernte Kartoffelfleisch anderweitig verwenden. Anschließend jede Kartoffelhälfte nochmals längs halbieren.

Das Pflanzenöl ungefähr 7 Zentimeter hoch in eine Pfanne gießen und so lange erhitzen, bis ein Brotwürfel innerhalb von 30 Sekunden darin braun wird. Die Kartoffelschalen portionsweise in das Öl geben und darin 1½–2 Minuten goldgelb fritieren. Zum Entfetten auf Küchenpapier legen und warm halten, bis alle Schalen zubereitet sind. Die Kartoffelschalen leicht salzen. Die Kräuterfüllung auf vier Kartoffeln verteilen und die Garnelen darauf verteilen. Vier weitere Kartoffeln mit dem Rahmkäse bestreichen und die Pilz-Zwiebel-Mischung darauf verteilen. Die restlichen Schalen mit der pikanten Hähnchenfüllung füllen. Sofort servieren.

Knoblauchläden

In England und den USA gibt es spezielle Knoblauchgeschäfte und Versandfirmen, die auf Knoblauch, Knoblauchprodukte und Kochzubehör für Knoblauch spezialisiert sind. Dort kann man Knoblauch, knoblauchhaltige Saucen, Senfe, Marinaden, Öle, Kaugummis, Süßigkeiten und Eiscreme (nur in Läden erhältlich) sowie knoblauchhaltige Schönheitsmittel oder Knoblauchkapseln und -perlen beziehen. Weiterhin sind Knoblauchpressen, -schäler, -bräter, Aufbewahrungstöpfe und natürlich Knoblauchzöpfe sowie -kränze erhältlich.

BRUSCHETTA MIT GEGRILLTEM GEMÜSE

Man kann Bruschetta als einfachen Snack zu jeder Tageszeit servieren, aber auch für ein zwangloses Abendessen oder ein Picknick zubereiten. Als Belag kann man Artischockenherzen, gedämpfte Spargelspitzen und getrockneten italienischen Räucherschinken (Prosciutto) verwenden.

Für 12 Stück

1 kleine Aubergine
Salz
2 kleine rote Paprikaschoten
2 kleine gelbe Paprikaschoten
7 EL Olivenöl
6 Knoblauchzehen
1 kleine oder mittlere Zucchini
frisch gemahlener schwarzer
    Pfeffer
3 dünne Scheiben Prosciutto, in
    3 cm große Stücke geschnitten

1 großes französisches Stangen-
    weißbrot
15 schwarze kernlose Oliven,
    fein gehackt
1 EL frische Petersilie, gehackt
6 Kirschtomaten, geviertelt
6 frische Basilikumblätter,
    grob zerkleinert
Parmesan, gehobelt

Den Ofen auf 200 Grad (Gas: Stufe 6) vorheizen. Die Aubergine halbieren und quer in 1 Zentimeter dicke Scheiben schneiden. Die Scheiben in ein Sieb legen, mit Salz bestreuen und abtropfen lassen. Die Paprikaschoten halbieren, die Kerne entfernen und die Hälften in vier Stücke zerschneiden. 2 Eßlöffel Öl auf ein Backblech geben und im Ofen erhitzen. 3 Knoblauchzehen achteln und zusammen mit den Paprikaschoten auf das Blech legen. Alles gut vermischen, bis es gleichmäßig mit Öl überzogen ist. Mit Alufolie abdecken und 20 Minuten im Ofen braten. Die Folie entfernen und weitere 15 Minuten braten.

Die restlichen 3 Knoblauchzehen zerdrücken und in einem kleinen Krug mit dem restlichen Olivenöl mischen.

Die Auberginenscheiben unter fließendem Wasser abspülen und zum Abtrocknen auf Küchenpapier legen. 1 Eßlöffel Knoblauchöl in einer großen Pfanne erhitzen und die Auberginen auf beiden Seiten portionsweise darin braten. Bei Bedarf etwas Öl nachgießen. Die Scheiben auf einen Teller legen und warm halten.

Inzwischen die Zucchini zubereiten. Hierzu mit einem Kartoffelschäler vom Fruchtfleisch Streifen abschälen, bis man zu den Kernen gelangt. 1 weiteren Eßlöffel Knoblauchöl in einer Pfanne erhitzen und die Zucchinistreifen darin 1 Minute unter Rühren braten. Mit Salz und schwarzem Pfeffer würzen, aus der Pfanne nehmen und warm halten. Anschließend den Prosciutto in die Pfanne legen und knusprig braten. Aus der Pfanne nehmen und warm stellen.

Den Grill auf höchste Stufe einstellen, während die Zucchini und der Prosciutto braten. Das Stangenweißbrot in 12 Scheiben schneiden, mit dem restlichen Knoblauchöl bestreichen und auf beiden Seiten rösten.

Zum Anrichten 4 Brotscheiben mit roten Paprikaschoten, gebratenem Prosciutto sowie gehackten Oliven belegen und mit gehackter Petersilie bestreuen. Weitere 4 Brotscheiben mit gelben Paprikaschoten, Kirschtomaten und zerkleinertem Basilikum belegen. Die restlichen 4 Scheiben mit Auberginenscheiben, Zucchinistreifen und gehobeltem Parmesan (hierzu einen Kartoffelschäler verwenden) dekorieren. Die Bruschetta mit Pfeffer bestreuen und anschließend auf einer Servierplatte anrichten. Sofort servieren.

TAGLIATELLE MIT KNOBLAUCH, BASILIKUM UND PINIENKERNEN

Obwohl dieses Nudelgericht eine leichte Sauce hat, ist es ein wahres Geschmackswunder. Alle wichtigen Zutaten eines typisch italienischen Gerichts sind darin vereint: Nudeln, Olivenöl, Basilikum und Parmesan. Der Knoblauch wird zum Aromatisieren des Olivenöls verwendet und vor dem Servieren entfernt.

Für 4 Personen als Vorspeise oder 2 Personen als Hauptspeise

200 g grüne oder weiße Tagliatelle, frisch oder getrocknet	*50 g Pinienkerne, geröstet*
8 Knoblauchzehen	*1 Handvoll Basilikumblätter, grob zerkleinert*
6 EL Olivenöl	*60 g Parmesan, grob gerieben*

In einem großen Topf Wasser zum Kochen bringen und darin die frischen Nudeln etwa 8 Minuten bzw. die getrockneten Nudeln 12 Minuten kochen. Anschließend die Nudeln abtropfen lassen, zurück in den Topf geben und warm halten.

Den Knoblauch mit der Handfläche oder der Löffelrückseite zerdrücken. Das Öl und den Knoblauch in einer Pfanne 5 Minuten schwach erhitzen, gelegentlich umrühren. Der Knoblauch soll braun sein, aber nicht anbrennen (auch das Öl nicht). Den Knoblauch entfernen und wegwerfen.

Die Nudeln mit dem Öl begießen, mit den gerösteten Pinienkernen mischen und auf vorgewärmten Tellern verteilen. Mit den zerkleinerten Basilikumblättern und dem geriebenen Parmesan bestreuen. Sofort servieren. Dazu passen frischer Salat und knuspriges Brot.

»Dies ist sicherlich nichts für den Gaumen der Damen noch für jene, die ihnen den Hof machen ...«

JOHN EVELYN, ACETARIA: A DISCOURS OF SALLETS, 1699

THAILÄNDISCHE FISCHBÄLLCHEN

Knoblauch ist in der thailändischen Küche unentbehrlich, weitere bevorzugte Zutaten sind Zitronengras, Koriander und Chilischoten – sie alle finden sich in diesen pikanten Fischbällchen wieder. Dieses Gericht eignet sich als Vorspeise, für ein kaltes Buffet oder als leichte Zwischenmahlzeit. Reichen Sie bei einem Buffet Cocktailspieße zum Aufspießen, damit man die Bällchen in das Gurkenrelish dippen kann.

Für 4 Personen (ergibt etwa 24 Fischbällchen)

Für das Relish
5 EL Reisweinessig oder
   Weißweinessig
3 EL Zucker
$1/2$ TL Salz
6 dünne Gurkenscheiben, fein
   gehackt
1 Frühlingszwiebel, in dünnen
   Scheiben
1 frische grüne oder rote
   Chilischote, entkernt und in
   dünnen Scheiben

Für die Fischbällchen
3 Knoblauchzehen, gehackt
3 cm frische Ingwerwurzel,
   geschält und gehackt
2 Frühlingszwiebeln, in Scheiben
1 EL Zitronengras, in Scheiben
1 frische kleine rote Chilischote,
   entkernt und gehackt
400 g Kabeljaufilet, gewürfelt
1 EL thailändische Fischsauce
   (wahlweise)
1 Ei, verquirlt
2 EL frischer Koriander,
   gehackt
Salz und frisch gemahlener
   schwarzer Pfeffer
Öl zum Fritieren

Zunächst das Gurkenrelish zubereiten. Essig, Zucker und Salz in einer Pfanne langsam erwärmen, bis sich der Zucker und das Salz aufgelöst haben. Anschließend vom Herd nehmen, abkühlen lassen und das kleingeschnittene Gemüse hinzufügen.

Für die Fischbällchen Knoblauch, Ingwer, Frühlingszwiebeln, Zitronengras und Chilischoten in einem Mixer zu Püree verarbeiten. Den Fisch dazugeben und grob zerkleinern. Die Fischsauce (nach Geschmack), das Ei und den Koriander dazugeben. Alles mit Salz sowie Pfeffer würzen und zu einem glatten Püree verarbeiten.

Das Öl bei mittlerer Hitze (etwa 180 Grad) erwärmen. Mit einem Teelöffel etwas Fischteig abstechen und daraus mit Hilfe eines zweiten Löffels kleine Bällchen formen. Die Bällchen mit dem zweiten Löffel abstreifen und auf einen Teller legen. Die Bällchen vorsichtig in das heiße Öl gleiten lassen und darin portionsweise $1^{1}/_{2}$–2 Minuten braten, bis sie an der Oberfläche schwimmen und goldbraun sind. Mit einem Sieblöffel aus dem Öl heben und zum Entfetten auf Küchenpapier legen. Alle Fischbällchen gleichzeitig servieren und das Gurkenrelish dazu reichen.

KNOBLAUCH-CHILI-GARNELEN

Im Idealfall wird dieses Gericht mit ungekochten, ungeschälten Riesengarnelen zubereitet. Wenn diese nicht erhältlich sind, kann man auch gekochte Garnelen verwenden. Damit sie nicht zäh werden, muß man die Kochzeit um eine Minute reduzieren. Stellen Sie Fingerschälchen und reichlich Servietten für Ihre Gäste bereit; dieses köstliche Gericht erfordert nämlich viel »Handarbeit« beim Essen!

Für 4 Personen

60 g Butter
2 EL Olivenöl
3 Knoblauchzehen, zerdrückt
1 frische große rote Chilischote,
   entkernt und in dünnen
   Scheiben

16 Riesengarnelen, roh oder
   gekocht, ungeschält
3 EL frische Petersilie, fein
   gehackt
Stangenweißbrot als Beilage

Die Butter und das Öl sehr langsam in einer Pfanne erhitzen. Sobald die Butter geschmolzen ist, den Knoblauch und die Chilischote dazugeben und ungefähr 1 Minute darin dünsten. Der Knoblauch darf nicht braun werden. Die Garnelen hinzufügen und 4–5 Minuten kochen. Nicht länger kochen, da die Garnelen ansonsten zäh werden. (Gekochte Garnelen etwa 2–3 Minuten kochen.)

Die Garnelen auf vier vorgewärmte Teller verteilen und mit der gehackten Petersilie bestreuen. Zum Eintunken in die Knoblauch-Butter-Sauce reichlich Weißbrot servieren.

Unser Garten mit zahlreichen Küchenkräutern
ist unsere Apotheke,
und eine Knoblauchzehe stellt unseren Arzt dar.

ANONYM, 1615

50

NUDEL-BOHNEN-SUPPE
MIT KNOBLAUCH

Vorlage für dieses Rezept ist die traditionelle italienische Suppe *pasta e fagioli*, die man auf vielen Speisekarten findet. Die Suppe bekommt ein besseres Aroma, wenn man als Grundlage eine hochwertige Geflügelbrühe verwendet.

Für 4 Personen

1 EL Olivenöl
1 Zwiebel, fein gehackt
4 Knoblauchzehen, zerdrückt
400 g weiße Bohnen (aus der Dose), abgespült und abgetropft

1½ l Geflügel- oder Gemüsebrühe
100 g Nudeln, kleine Formen oder zerkleinerte Spaghetti
Salz und frisch gemahlener schwarzer Pfeffer
Krustenbrot als Beilage

Das Öl in einem großen Topf bei mittlerer Hitze erwärmen. Die gehackte Zwiebel dazugeben und ungefähr 3 Minuten vorsichtig dünsten, sie darf keine Farbe annehmen. Den zerdrückten Knoblauch hinzufügen und alles weitere 2 Minuten dünsten. Die Brühe, die Nudeln sowie die Gewürze dazugeben und das Ganze aufkochen lassen. Die Hitze reduzieren und alles 10–15 Minuten köcheln lassen.

Das Gericht in eine Suppenterrine umfüllen und mit reichlich Krustenbrot servieren.

SCHAFSKÄSE-SPINAT-TARTE

Diese köstliche Tarte kann man heiß, lauwarm oder kalt essen. Sie können Sie als leichte Vorspeise oder zusammen mit einem grünen Salat oder Gemüse als Hauptspeise servieren.

Für 4 Personen

1 EL Olivenöl	*2 Eier, leicht verquirlt*
4 Schalotten, fein gehackt	*5 EL Sahne*
4 Knoblauchzehen, zerdrückt	*Salz und frisch gemahlener*
200 g frischer Spinat, gewa-	*schwarzer Pfeffer*
schen und ohne Stiele	*20 g Butter, geschmolzen*
180 g Schafskäse, zerkrümelt	*ca. 60 g Blätterteigscheiben*

Den Ofen auf 190 Grad (Gas: Stufe 5) vorheizen. Das Öl in einem großen Topf erhitzen und die Schalotten sowie den Knoblauch darin langsam weich dünsten.

Inzwischen den Spinat in einen großen Topf legen (ohne Wasser), zudecken und einige Minuten kochen lassen, bis er zusammenfällt. Den Spinat anschließend in einem Sieb abtropfen lassen, gründlich ausdrücken und grob hacken.

Den Käse zu den Schalotten geben und 1 Minute kochen lassen, bis er anfängt zu schmelzen. Den Topf vom Herd nehmen und den Spinat hineinrühren. Die Eier und die Sahne verquirlen, mit Salz sowie Pfeffer würzen und mit dem Spinat gründlich vermischen.

Eine Tarteform (18 cm Durchmesser, 3 cm Höhe) mit etwas geschmolzener Butter ausfetten. Den Blätterteig in 8 Stücke schneiden (ungefähr 20 × 28 cm). (Wenn die verwendeten Blätterteigscheiben andere Größen aufweisen, annähernd große Stücke zurechtschneiden und wie angegeben fortfahren, bei Bedarf zusätzliche Scheiben verwenden.)

Eine Blätterteigscheibe mit der geschmolzenen Butter bestreichen. Die Hälfte der Tarteform damit auslegen und die Kanten am Rand überstehen lassen. Eine weitere Scheibe mit Butter bestreichen und damit die andere Hälfte der Form auslegen. Die Form um 90 Grad drehen und mit zwei weiteren Scheiben auslegen, die Scheiben zuvor mit Butter bestreichen. Die Form noch weitere zwei Male jeweils um 90 Grad drehen und mit den restlichen vier Scheiben auslegen.

Die Tarteform auf ein Backblech stellen. Die Spinatmischung löffelweise einfüllen und die Blätterteigecken zusammenklappen. Die Tarte 20 Minuten im Ofen backen, bis der Teig goldbraun und die Füllung fest geworden ist.

Die Tarte zum Servieren vorsichtig aus der Form lösen und zusammen mit grünem Salat oder Gemüse servieren.

Knoblauchbutter und Brot

Knoblauchbrot kam in den sechziger Jahren in Mode und ist heute in vielen Ländern eine beliebte Beilage, die sich problemlos zubereiten läßt. Die Knoblauchbutter kann auch mit anderen Zutaten, wie Oliven oder Kräutern, kombiniert werden. Im Nu sind aufregende Brote auf den Tisch gezaubert. Im folgenden finden Sie Rezepte für Knoblauchbutter und einige Variationen. Zudem werden Abwandlungen des klassischen Knoblauchbrots vorgestellt, zum Beispiel Knoblauchbrötchen oder Knoblauchpizza. Man sollte die zubereitete Butter luftdicht verschlossen im Kühlschrank lagern; dort kann sie 2–3 Wochen aufbewahrt werden, sofern bei der Zubereitung frische Butter verwendet wurde.

KNOBLAUCHBUTTER
❶

Man kann dieses Grundrezept mit verschiedenen Zutaten abwandeln und daraus pikante Buttervarianten herstellen. Sie passen zu sämtlichen Fleischsorten, Fisch, Gemüse oder Nudeln.

125 g weiche Butter
3 Knoblauchzehen, zerdrückt

Die Butter in eine Schüssel geben und mit einem Holzlöffel glattrühren (nicht schmelzen). Den Knoblauch dazugeben und gut unterrühren. Ein Stück Frischhaltefolie auf der Arbeitsfläche auslegen und darauf die Butter in einer länglichen Form anordnen. Die Butter vorsichtig mit der Folie umwickeln und zu einer dicken, etwa 15 Zentimeter langen Rolle formen. Im Kühlschrank fest werden lassen.

KNOBLAUCH-KRÄUTER-BUTTER
❷

Dies ist die beliebteste Variation des Standardrezepts. Sie können die Kräuter passend zum dazu servierten Gericht ändern; probieren Sie zum Beispiel Estragonbutter zu Hähnchen.

125 g weiche Butter
3 Knoblauchzehen, zerdrückt
1 EL frische Petersilie, gehackt

1 EL frischer Schnittlauch, gehackt

Die Butter wie im Rezept »Knoblauchbutter« zubereiten und anschließend mit den Kräutern mischen.

KNOBLAUCH-OLIVEN-TOMATEN-BUTTER
❸

Eine aromatisierte Butter mit dem charakteristischen Geschmack und den Farben des Mittelmeerraums.

125 g weiche Butter
3 Knoblauchzehen, zerdrückt
8 kernlose schwarze Oliven, fein gehackt

3 getrocknete Tomaten in Öl, abgetropft und fein gehackt

Die Butter wie im Rezept »Knoblauchbutter« zubereiten und anschließend mit den restlichen Zutaten mischen.

KNOBLAUCHBROT

❹

Die perfekte Beilage für eine Party oder fürs Grillen – bereiten Sie stets mehr davon zu, als Sie zu brauchen glauben!

1 französisches Stangenweißbrot
1 Rezept Knoblauchbutter

Den Ofen auf 190 Grad (Gas: Stufe 5) vorheizen. Das Brot schräg in Scheiben schneiden, so daß die einzelnen Scheiben an der Unterseite noch zusammenhängen. Eine circa 1 Zentimeter dicke Scheibe Knoblauchbutter in jede Spalte setzen und anschließend das Brot in Alufolie wickeln. Das Brot 10 Minuten im Ofen backen, dann die Alufolie entfernen und das Brot weitere 10 Minuten knusprig backen. Sofort servieren.

KNOBLAUCHPIZZA

❺

Servieren Sie kleine Knoblauchpizzas als Alternative zu Knoblauchbrot. Sie sind in wenigen Minuten zubereitet und schmecken wie selbst gemacht.

150 g Pizzateig
Knoblauchbutter (halbe Menge des Rezepts), in dünnen Scheiben

Den Teig entsprechend der Anleitung zubereiten. Kleine Pizzas formen und diese mit der Hälfte der Knoblauchbutter bestreichen, dabei einen 3 Zentimeter breiten Rand aussparen. Nach dem Backen die restliche Knoblauchbutter auf den Pizzas verstreichen. Die Butter einige Minuten schmelzen lassen und die Pizzas sofort servieren.

KNOBLAUCHBRÖTCHEN

❻

Eine köstliche Alternative zu Knoblauchbrot und eine ausgezeichnete Beilage zu hausgemachten Suppen.

8 Brötchen
Knoblauchbutter (halbe Menge des Rezepts)

Den Ofen auf 180 Grad (Gas: Stufe 4) vorheizen. Die Brötchen halbieren und die Oberseiten beiseite legen. Die Unterseiten aushöhlen und den Teig zu kleinen Stücken zerkrümeln oder zu Brotkrümeln verarbeiten. Die Brötchen mit dem Deckel belegen, auf ein Backblech setzen und im Ofen 5 Minuten backen.

Inzwischen die Knoblauchbutter in einer Pfanne schmelzen. Die Brotkrümel dazugeben und 2–3 Minuten bei großer Hitze unter ständigem Rühren goldbraun braten. Die Brötchen aus dem Ofen nehmen, mit der Knoblauch-Brotkrümel-Masse bestreichen und sofort servieren.

FRANZÖSISCHE KNOBLAUCHSUPPE

Diese traditionelle Bauernsuppe aus der Provence ist für ihre heilenden Eigenschaften aufgrund von Knoblauch und Kräutern bekannt. Sie wurde früher zubereitet, wenn die Speisekammer leer und sonst nichts Eßbares im Haus war. Um die Suppe nahrhafter zu machen, wurde sie häufig mit Brotwürfeln oder Eiern angereichert, die in der Suppe pochiert wurden.

Für 4 Personen

12 Knoblauchzehen, geschält	4 Scheiben Brot, altbacken oder getoastet
8 frische Salbeiblätter	2 EL Olivenöl
1¹/₂ l Wasser mit 2 TL Salz	60 g Greyerzer, gerieben
1 Prise Safranfäden	4 Eier (wahlweise)

11 Knoblauchzehen und die Salbeiblätter in einen großen Topf füllen und mit dem Salzwasser begießen. Das Ganze zum Kochen bringen und 15 Minuten kochen lassen. Den Knoblauch und den Salbei entfernen. Den Salbei wegwerfen, den Knoblauch mit Stößel und Mörser oder einer Gabel zerdrücken und zusammen mit den Safranfäden wieder in die Flüssigkeit geben. Die Suppe bis zum Servieren zudecken und leise köcheln lassen.

Den Grill vorheizen. Die restliche Knoblauchzehe halbieren und die Brotscheiben damit einreiben. Die Scheiben anschließend mit Olivenöl bestreichen, mit geriebenem Käse bestreuen und so lange übergrillen, bis der Käse Blasen wirft.

Inzwischen, falls pochierte Eier dazu serviert werden, die Eier vorsichtig in die Flüssigkeit geben und darin 3¹/₂–4 Minuten pochieren. Dies geht am einfachsten, wenn man die Eier auf einem Teller aufschlägt und von dort aus in die Flüssigkeit gleiten läßt.

Zum Servieren je eine Brotscheibe in einen Suppenteller legen, mit der heißen Suppe begießen und nach Geschmack die pochierten Eier daraufsetzen.

KNOBLAUCHSOUFFLÉ

Viele Köche bereiten ungern Soufflé zu, da sie Angst haben, daß es nicht aufgeht oder in letzter Minute wieder zusammenfällt. Nach diesem Rezept gelingt Ihnen ein köstliches Soufflé mit Sicherheit. Das Geheimnis des Erfolgs besteht darin, den Ofen keinesfalls vor Ende der Garzeit zu öffnen. Außerdem müssen die Gäste bereits am Tisch sitzen, wenn das Soufflé serviert wird. Das Rezept reicht für ein großes Soufflé oder mehrere kleine.

Für 4–6 Personen

1 ganze Knoblauchknolle	3 EL frische Petersilie, fein gehackt
60 g Butter	Salz und frisch gemahlener schwarzer Pfeffer
4 EL Semmelbrösel	
60 g Mehl	4 Eier, getrennt
300 ml Milch	

Den Ofen auf 200 Grad (Gas: Stufe 6) vorheizen. Die Knoblauchzehe auf ein Backblech legen und 40 Minuten backen.

Inzwischen die Soufflé-Förmchen vorbereiten. Entweder eine große Form mit geraden Wänden (1¹/₂ Liter) oder 4–6 kleinere Förmchen mit 15 Gramm Butter ausfetten. Den Boden und die Seitenwände mit Semmelbrösel bestreuen. Die Form(en) auf ein Backblech stellen, damit man sie leichter aus dem Ofen holen kann.

Den Knoblauch aus dem Ofen nehmen und etwas abkühlen lassen; den Ofen nicht ausschalten. Das Püree vorsichtig aus sämtlichen Knoblauchzehen herausdrücken. Die restliche Butter in einem Topf schmelzen, das Mehl dazugeben und zu einer Mehlschwitze verrühren. Bei geringer Hitze eine Minute köcheln lassen, anschließend die Milch angießen und alles zu einer sämigen Masse verrühren. Das Ganze zum Kochen bringen und einige Minuten unter ständigem Rühren kochen lassen, bis eine dicke, glatte Sauce entsteht. Den Topf von der Herdplatte nehmen, das Knoblauchpüree und die Petersilie dazugeben und mit Salz und Pfeffer würzen. Die Eigelb portionsweise kräftig hineinrühren und anschließend die Mischung beiseite stellen.

Das Eiweiß in einer sauberen, trockenen Schüssel zu Schnee schlagen. Ein Drittel des Eischnees mit einem Metallöffel vorsichtig unter die Knoblauchmischung ziehen. Das restliche Eiweiß einarbeiten und die Mischung anschließend mit einem Löffel in die vorbereitete(n) Form(en) füllen. Die Ofentemperatur auf 190 Grad (Gas: Stufe 5) reduzieren.

Das große Soufflé 25–30 Minuten backen. Nach 25 Minuten ist das Soufflé in der Mitte noch etwas flüssig; nach 30 Minuten bekommt es einen festen Kern. Die kleinen Soufflés 10–12 Minuten backen. (Den Ofen keinesfalls vor dem Ende der Garzeit öffnen, da sonst die Soufflés zusammenfallen.) Die Soufflés sollten nach dem Backen goldgelb und gut aufgegangen sein.

Die Soufflés erst aus dem Ofen nehmen, wenn die Gäste Platz genommen haben, und sofort servieren.

55

GEFÜLLTE PILZE

Dieses Pilzgericht ist eine ideale Vorspeise, da man sie gut vorbereiten kann. Sie können die Pilze einige Stunden im voraus füllen und kurz vor dem Servieren backen. Auch die Knoblauchbutter läßt sich im voraus zubereiten und um die Pilze verteilen. Sie schmilzt dann beim Backen.

Für 4 Personen

4 große, flache Pilze, abgerieben	Knoblauchbutter
2 EL Olivenöl	60 g Butter
4 Schalotten, fein gehackt	1 EL Olivenöl
3 Knoblauchzehen, zerdrückt	2 Knoblauchzehen, zerdrückt
2 frische rote Chilischoten, entkernt und fein gehackt	Krustenbrot als Beilage
50 g Semmelbrösel	
1 Handvoll frische Korianderblätter, grob zerkleinert	
abgeriebene Schale und Saft von ¹/₂ Zitrone	

Den Ofen auf 200 Grad (Gas: Stufe 6) vorheizen. Die Pilzstiele entfernen und grob hacken. Das Öl in einem Topf erhitzen und darin Schalotten, Knoblauch, Chilischoten und gehackte Pilzstiele 4–5 Minuten dünsten. Den Topf von der Herdplatte ziehen und Semmelbrösel, gehackten Koriander sowie Zitronenschale und -saft hinzugeben.

Inzwischen die Butter schmelzen. Das Olivenöl sowie den Knoblauch dazugeben und 3 Minuten sanft dünsten, ohne den Knoblauch zu bräunen. Die Füllung auf den Pilzen verteilen. Die Pilze einzeln auf Teller setzen (diese sollten etwas größer als die Pilze sein). Die Knoblauchbutter um die Pilze gießen, die Teller mit Alufolie bedecken und alles im Ofen 10 Minuten backen.

Die Pilze auf den heißen Tellern servieren. Zum Eintunken in die Sauce einige Scheiben Brot reichen.

GNOCCHI MIT DICKE-BOHNEN-SAUCE

Gnocchi sind kleine italienische Kartoffelklöße. Sie werden zusammen mit dicken Bohnen in einer Sahnesauce überbacken. Man kann sie als sättigende Zwischenmahlzeit, Vorspeise oder Gemüsebeilage servieren.

Für 4 Personen

Für den Gnocchiteig	Für die Sauce
500 g große Kartoffeln	200 g dicke Bohnen
1 Ei, verquirlt	3 EL Olivenöl
30 g Butter	3 Knoblauchzehen, zerdrückt
Salz und frisch gemahlener	100 g Parmesan, frisch gerieben
schwarzer Pfeffer	150 ml Sahne, halbsteif
125 g Mehl	geschlagen

Den Ofen auf 220 Grad (Gas: Stufe 7) vorheizen. Für die Gnocchi die Kartoffeln einstechen, auf ein Backblech setzen und 1 Stunde backen. Die Temperatur auf 200 Grad (Gas: Stufe 6) reduzieren.

Die Kartoffeln halbieren, das Fruchtfleisch sofort herauskratzen, durch die Kartoffelpresse drücken und mit dem verquirlten Ei sowie der Butter mischen. Mit Salz und reichlich frisch gemahlenem Pfeffer würzen. Ausreichend Mehl hinzufügen, so daß ein fester Teig entsteht, der nicht an den Fingern klebt.

Ein Viertel des Teiges auf einer bemehlten Arbeitsfläche zu einer Rolle mit einem Durchmesser von ungefähr 2 Zentimeter ausrollen. Die Rolle anschließend mit einem Messer in 2 Zentimeter dicke Scheiben schneiden. Die Stücke mit der Rückseite einer bemehlten Gabel flach drücken und zu einer muschelähnlichen Form krümmen. Die Gnocchi auf ein bemehltes Brett legen und den restlichen Teig in der gleichen Weise verarbeiten. Die vorbereiteten Gnocchi in einer Schicht nebeneinander und nicht aufeinander legen.

In einem großen Topf reichlich Salzwasser zum Kochen bringen und die Hälfte der Gnocchi hinzufügen; sie dürfen sich nicht berühren. Die Gnocchi 3–5 Minuten kochen, bis sie an der Oberfläche schwimmen. Mit einem Sieblöffel herausheben, auf Küchenpapier abtropfen lassen und warm stellen, bis alle Gnocchi zubereitet sind.

Für die Sauce die dicken Bohnen 3 Minuten in kochendem Salzwasser blanchieren. Die Flüssigkeit abgießen und die zähen Bohnenhäute entfernen. Hierzu die Haut vorsichtig einreißen und die Bohnen herausdrücken. Das Öl in einem kleinen Topf erhitzen und den Knoblauch darin sanft dünsten. Die dicken Bohnen, etwa 70 Gramm geriebenen Parmesan und die süße Sahne dazugeben.

Eine große feuerfeste Form oder vier Teller ausfetten und die Gnocchi darauf legen. Mit der Bohnensauce begießen und dem restlichen Parmesan bestreuen. Das Gericht 10 Minuten im Ofen überbacken, bis der Käse Blasen wirft, dann sofort servieren.

RISOTTO MIT KNOBLAUCHSCHOLLE UND SPINAT

Die Zubereitung von klassischem italienischem Risotto ist zwar aufwendig, Zeit und Mühe lohnen sich aber auf jeden Fall. Reichen Sie zu diesem köstlichen Gericht italienisches Weißbrot und einen grünen Salat.

Für 4 Personen

450 ml Gemüsebrühe	100 g Spinat, gewaschen und
3 EL Olivenöl	grob zerkleinert
1 Zwiebel, fein gehackt	Salz und frisch gemahlener
250 g Arborioreis	schwarzer Pfeffer
300 ml trockener Weißwein	frisch geriebener Parmesan
15 g Butter	(wahlweise)
3 Knoblauchzehen, zerdrückt	
2 Schollenfilets, gewürfelt	
(3 × 8 cm)	

Die Brühe erhitzen. In einer großen Pfanne 2 Eßlöffel Olivenöl erhitzen und darin die Zwiebel 5 Minuten weich dünsten. Den Reis dazugeben und gut verrühren. Alles weiterhin 1 Minute kochen lassen. 1 Eßlöffel heiße Brühe hinzufügen und gut verrühren. Sobald die Brühe aufgesogen ist, weitere Brühe und ein wenig Wein dazugeben. Alles gut verrühren. Brühe und Wein schöpflöffelweise angießen, bis sämtliche Flüssigkeit verbraucht und der Risotto zu einer cremigen Masse geworden ist. Den Topf während des Kochens nicht abdecken und die Mischung ständig durchrühren. Die Zubereitung dauert etwa 20 Minuten. Neue Flüssigkeit stets erst dann nachgießen, wenn der Reis die vorherige vollständig aufgesogen hat.

Inzwischen die Scholle braten. Den restlichen Eßlöffel Öl sowie die Butter in einer Pfanne erhitzen. Den zerdrückten Knoblauch dazugeben und 1 Minute dünsten. Anschließend die Schollenwürfel hinzufügen und ungefähr 4 Minuten braten, den Fisch dabei auf allen Seiten mit der Knoblauchsauce überziehen.

Den zerkleinerten Spinat unter den fertigen Risotto ziehen. Den Topf mit einem Deckel oder einem großen Stück Alufolie abdecken und den Spinat zusammenfallen lassen; dies dauert ungefähr 2 Minuten. Mit Salz und Pfeffer würzen. Die Fischwürfel auf den Risotto legen und das Gericht sofort servieren. Nach Geschmack frisch geriebenen Parmesan dazu reichen.

KAPITEL 2

GEMÜSE-GERICHTE UND SALATE

Gemüsegerichte eignen sich als Beilage oder Hauptmahlzeit. Vereinen Sie mit Hilfe von Knoblauch verschiedene Aromen zu einem Gemüsepotpourri oder unterstreichen Sie damit den Geschmack einer einzelnen Gemüsesorte. Eine knoblauchhaltige Marinade macht einen Salat zu einem wahren Festessen.

GEMÜSEGERICHTE UND SALATE

Knoblauch in geringen oder größeren Mengen ist für jedes Gemüsegericht eine Bereicherung, angefangen von einem wärmenden Wintereintopf bis hin zu einem frischen Sommersalat. Knoblauch verleiht einem sahnigen Kartoffelbrei ein besonderes Aroma. Aus kalten Nudeln kann man einen aufregenden Salat zubereiten, verwenden Sie Knoblauch für ein Dressing oder arbeiten Sie ihn in ein cremiges Gemüsepüree ein. Mit Knoblauch und Kräutermischungen kann man Gerichte aus Indien oder dem Fernen Osten zaubern, etwa pikante Zucchini oder die abwechslungsreichen, frischen Aromen des Mittelmeerraums. Ganze Zehen eignen sich für gegrilltes Gemüse, köstliche Dressings erhält man mit zerdrücktem Knoblauch, und in gehackter Form gibt man ihn zu Eintopfgerichten.

60

Freskogemälde eines Obst- und Gemüsemarkts auf Schloß Iffogne, Aostatal, 15. Jahrhundert

61

Pikante Gemüse-Nuss-Burger mit Chili-Tomaten-Relish

Diese Gemüseburger sind saftig und aromatisch. In Kombination mit einem Chili-Tomaten-Relish werden sie bald zum Lieblingsgericht der ganzen Familie. Servieren Sie die Burger in einem warmen Brötchen und reichen Sie das Relish dazu. Das Relish kann man drei Tage im Kühlschrank aufbewahren.

Für 4 Personen (ergibt 4 Burger)

Für das Relish
1 EL Olivenöl
1 Knoblauchzehe, fein gehackt
1 kleine frische rote Chilischote, entkernt und fein gehackt
1 kleine Zwiebel, in dünnen Ringen
6 Tomaten, geschält und gewürfelt
1 EL Rotweinessig
1 TL Zucker
Salz und frisch gemahlener schwarzer Pfeffer

Für die Burger
1 kleine grüne Paprikaschote, entkernt und gehackt
2 große Knoblauchzehen, zerdrückt
1 rote Zwiebel, gehackt
60 g geröstete, gesalzene Erdnüsse
30 g gesalzene Cashewkerne
60 g Semmelbrösel
60 g Shiitake-Pilze, fein gehackt
2 TL thailändische rote Currypaste
2 EL frisches oder 1 TL getrocknetes Zitronengras, fein gehackt
2 EL frischer Koriander oder frische Petersilie, fein gehackt
frisch gemahlener schwarzer Pfeffer
30 g Mehl
2 EL Sonnenblumenöl

Für das Relish das Öl in einem kleinen Topf mäßig erhitzen und Knoblauch, Chilischote und Zwiebel dazugeben. Die Hitzezufuhr reduzieren und alles etwa 10 Minuten dünsten lassen, bis die Zwiebel weich und leicht karamelisiert ist. Die restlichen Zutaten hinzufügen und alles zugedeckt weitere 5 Minuten köcheln lassen. Die Flüssigkeit abgießen, die Hitzezufuhr erhöhen und das Ganze 5–10 Minuten unter häufigem Rühren kochen lassen, bis das Relish eingedickt ist. Das Relish warm halten oder wahlweise abkühlen lassen.

Für die Burger grüne Paprikaschote, Knoblauch, rote Zwiebel, Erdnüsse, Cashewkerne, Semmelbrösel und Pilze in einem Mixer grob pürieren. Die Masse in eine Schüssel umfüllen und Currypaste, Zitronengras, Koriander oder Petersilie sowie schwarzen Pfeffer dazugeben. Salzen ist nicht erforderlich, da das Salz der Nüsse ausreicht. Die Zutaten gründlich miteinander mischen. Die Masse in vier Portionen aufteilen, aus jedem Viertel einen Burger formen und diese in Mehl wenden.

Das Öl in einer Pfanne mäßig erhitzen und darin die Burger auf jeder Seite 5 Minuten braten. Man kann die Burger auch unter einem mäßig heißen Grill 5–7 Minuten auf jeder Seite grillen. Die Burger auf Küchenpapier abtropfen lassen, in ein Brötchen legen und zusammen mit dem Relish servieren.

Thailändisches Gemüse in Kokosmilchsauce

Maiskolben sind ein köstliches Gemüse, das viel zu selten gegessen wird. Hier werden sie in Scheiben geschnitten und zusammen mit anderen Gemüsesorten in einer pikanten Sauce zubereitet. Der Mais wird gleichmäßig von der Sauce überzogen und muß mit den Fingern gegessen werden.

Für 4 Personen
2 EL Sonnenblumenöl
4 Knoblauchzehen, fein gehackt
3 Schalotten, fein gehackt
2 kleine frische rote Chilischoten, entkernt und fein gehackt
500 g Kürbis, geschält und kleingewürfelt
2 mittelgroße Süßkartoffeln (ca. 350 g), geschält und in halbierten Scheiben
400 g Kokosmilch (aus der Dose)
2 Maiskolben
2 mittelgroße Zucchini, in 2 cm dicken Scheiben

Das Öl in einer großen Pfanne mit Deckel oder einem Wok erhitzen. Den Knoblauch, die Schalotten sowie die Chilischoten dazugeben und 2 Minuten unter Rühren braten, bis die Schalotten weich sind. Den Kürbis sowie die Süßkartoffeln hinzufügen, alles gut mischen und 1 Minute braten. Die Kokosmilch angießen und aufkochen lassen, die Hitzezufuhr reduzieren und das Ganze zugedeckt 10 Minuten köcheln lassen.

Inzwischen die Maiskolben mit einem scharfen Messer vorsichtig in je 6 Stücke zerteilen und zusammen mit den Zucchini in die Pfanne geben. Alles weitere 5 Minuten köcheln. Die Pfanne vom Herd nehmen, sobald das Gemüse bißfest ist. Reis oder Nudeln dazu servieren.

Knoblauch kann zehn Mütter ersetzen.

Altes Indisches Sprichwort

GEMÜSESCHMORTOPF
MIT KÄSE-KNOBLAUCH-KLÖSSEN

Dieses Gericht eignet sich hervorragend für kalte Winterabende. Servieren Sie dazu Reis oder Kartoffeln.

Für 4 Personen

Für die Klöße
90 g Vollkornmehl
¼ TL Salz
30 g Butterflöckchen
2–3 Knoblauchzehen, zerdrückt
60 g Cheddar, gerieben
2 EL frische Petersilie, gehackt
frisch gemahlener schwarzer Pfeffer
4–5 EL Milch

Für den Schmortopf
2 EL Olivenöl
2 Knoblauchzehen, zerdrückt
1 Zwiebel, geachtelt und in getrennten Schichten
2 Karotten, gewürfelt
1 Süßkartoffel (ca. 350 g), gewürfelt
1 TL Chilipulver

1 EL Mehl
1 EL Tomatenmark
3 EL Portwein oder trockener Sherry
300 ml Gemüsebrühe
420 g weiße Bohnen (aus der Dose), abgespült und abgetropft
220 g Kidneybohnen (aus der Dose), abgespült und abgetropft
1 EL frische gemischte oder 1 TL getrocknete Kräuter
Salz und frisch gemahlener schwarzer Pfeffer
100 g Maronenröhrlinge oder andere Waldpilze, geviertelt
1 EL frische Petersilie, fein gehackt
Cheddar, gerieben

Für die Klöße das Mehl und das Salz in eine Schüssel füllen. Die Butterflöckchen dazugeben und mit dem Mehl zu einer krümeligen, feinen Masse verarbeiten. Knoblauch, Cheddar, Petersilie sowie Pfeffer hinzufügen und alles gut vermischen. Die Milch angießen, so daß ein weicher Teig entsteht, der nicht klebt. Aus dem Teig 8 Klöße formen.

Für den Schmortopf das Öl in einer großen Kasserolle bei mäßiger Hitze erwärmen. Den Knoblauch sowie die Zwiebel dazugeben und 2 Minuten sanft dünsten. Die Karotten und die Süßkartoffel in den Topf geben, alles gut mischen und weitere 2 Minuten unter häufigem Rühren dünsten. Chilipulver, Mehl sowie Tomatenpüree dazugeben und alles 1 Minute kochen. Den Portwein oder Sherry angießen und nochmals 1 Minute kochen. Anschließend Gemüsebrühe angießen, weiße und rote Bohnen, gemischte Kräuter sowie Gewürze hinzufügen und alles gut umrühren. Das Ganze aufkochen lassen, die Hitzezufuhr reduzieren, die Klöße zwischen das Gemüse setzen und nach unten drücken. Den Topf mit einem dichtschließenden Deckel abdecken und das Gericht 25 Minuten köcheln lassen. Bei einem undichten Deckel die Kasserolle mit einer Schicht fettdichtem Papier bedecken und erst dann den Deckel daraufsetzen. Anschließend die Pilze sowie die Petersilie darunterziehen und alles nochmals 5 Minuten kochen lassen, bis das Gemüse weich ist. Das Gericht mit dem geriebenen Cheddar bestreuen.

»[Die Luft der Provence] ist mit dem angenehmen Duft dieser mystisch reizvollen Knolle angereichert.«

ALEXANDRE DUMAS,
LE GRAND DICTIONNAIRE DE CUISINE, 1873

SELLERIE-KNOBLAUCH-PÜREE

Sellerie ist ein Gemüse mit einem charakteristischen Geschmack. Zusammen mit Knoblauch gibt er eine hervorragende Beilage zu Fleisch, Geflügel und Fisch ab.

Für 4 Personen
1 Knoblauchknolle
600 g Sellerie
2 EL Sahne

Salz und frisch gemahlener schwarzer Pfeffer

Den Ofen auf 170 Grad (Gas: Stufe 3) vorheizen. Die Knoblauchknolle auf ein Backblech legen und ungefähr 40 Minuten backen.

Inzwischen den Sellerie in kleine Stücke schneiden und in einen Topf mit kochendem Salzwasser geben. Die Stücke 10–15 Minuten kochen (sie sollen weich sein) und anschließend gut abtropfen lassen.

Den Knoblauch etwas abkühlen lassen und das Püree aus den Zehen drücken. Den Sellerie in einem Mixer zu einem glatten Püree verarbeiten. Die Sahne und die Hälfte des Knoblauchpürees dazugeben und alles nochmals 20 Sekunden pürieren. Die Masse kräftig würzen und in eine Schüssel füllen. Zu gegrilltem Fleisch, Fisch oder anderem Gemüse reichen. Das restliche Knoblauchpüree als Brotaufstrich beziehungsweise für Mayonnaise oder Salat verwenden.

Das Knoblauchfest in Gilroy

Man nehme Küchenchefs, Schönheitsköniginnen, Jongleure, Gourmetessen, Souvenirs, Kochwettbewerbe, 4000 freiwillige Mitarbeiter und 135 000 Besucher. Wenn man das Ganze mit über 1360 Kilogramm frischem Knoblauch würzt und die kalifornische Sonne hinzufügt, kommt dabei das größte Knoblauchfest der Welt heraus – es findet seit 1979 in Gilroy in Kalifornien statt.

Die Idee zu diesem Fest kam Dr. Melone in den Sinn, als er im örtlichen Rotary-Club von einem ähnlichen Ereignis in Arleux in Frankreich las. Das Knoblauchfest in Gilroy war von Anfang an ein Erfolg und zog weitere Feste dieser Art in Arizona, Virginia, Washington und Kanada nach sich; aber keines ist größer und spektakulärer als das Fest in Gilroy. Der Mitbegründer und heute größte Knoblauchlieferant der Welt, Don Christopher, sagt hierzu folgendes: »Das Fest hat Gilroy auf der ganzen Welt bekannt gemacht und dem Knoblauch zu größerer Popularität verholfen.«

Zehntausende von Knoblauchliebhabern strömen jedes Jahr in der letzten Juliwoche nach Gilroy, um drei Tage lang ein buntes Fest zu begehen, bei dem der Duft ihrer Lieblingsknolle in der Luft liegt.

Herzstück des Fests sind die Essensstände. Die spektakulärsten finden sich an der Gourmet-Allee, wo die heimischen Küchenchefs mit Eisenpfannen von der Größe eines Fahrradreifens über offenem Feuer kochen. Hier bereiten sie riesige Sirloin-Steaks und rote sowie grüne Paprikaschoten für ein Steak-Paprika-Sandwich und gebratenen Tintenfisch mit Knoblauchsauce extra fürs Fest zu. Dort werden Knoblauchbrot, Nudeln mit Knoblauchsauce und Knoblauchpilze angeboten – alles ein Fest für Gaumen und Augen. Während der drei Festtage werden ungefähr 1360 Kilogramm Knoblauch, 900 Kilogramm Zwiebeln, 2400 Liter Öl, 680 Kilogramm Käse und 4500 Kilogramm rote und grüne Paprikaschoten verarbeitet.

Jeder Stand wartet mit unterschiedlichen Spezialitäten auf, zum Beispiel Knoblauchhähnchen, italienischen Knoblauchwürsten oder Knoblauchsushi. Verkauft werden Knoblauchknollen, Knoblauchkränze und -zöpfe, Gläser mit knoblauchhaltigen Saucen und Dips, eingelegtem Knoblauch und Knoblaucholiven – und sogar Knoblaucheis. Man kann spezielle Kochutensilien für Knoblauch, die unvermeidlichen T-Shirts als Souvenir, Magnethalter und Kaffeebecher erstehen.

Im Knoblauchwäldchen kann man die Experten über Knoblauch und seine Eigenschaften nach Herzenslust befragen. Hier kann man lernen, wie man Knoblauch stutzt und flicht – die beiden wichtigsten Arbeiten bei der Ernte –, und seine erlernten Fähigkeiten in Wettbewerben messen. Zudem finden Kochvorführungen von bekannten Küchenchefs und

Die Besucher können in Gilroy dekorative Kränze aus Knoblauch und anderen Gewürzen kaufen oder in einem der vielen Kurse lernen, wie man sie selbst herstellt.

66

Begeisterte Knoblauchkenner können ihrem Lieblingsaroma mit diesem pikanten Wein frönen.

Die Pfannen entlang Gilroys berühmter Gourmet-Allee sind ein faszinierender Anblick und verströmen einen verlockenden Duft.

Kochwettbewerbe statt. Überall liegt Musik in der Luft – Blues, Country- und Westernmusik oder Reggae. Jongleure, Puppenspieler und Porträtmaler unterhalten die Kinder. Es gibt sogar einen Wettbewerb zur Wahl einer Festkönigin. Dabei werden von der Jury nicht nur Auftreten und Charme, sondern auch die »Knoblauchansprache« bewertet.

Das Fest wird am vorhergehenden Wochenende mit einem speziellen Knoblauchtanz eröffnet. In Anlehnung an die Tour de France wird in Gilroy eine Tour de Garlique abgehalten. Zur Eröffnung des Knoblauchfestes findet unter anderem auch ein Tennis- und Golfturnier statt. Ein kulinarisches Fest zu Ehren einer einzigen kleinen Zutat formt das touristische Angebot einer ganzen Region.

Christopher Ranch, ein Unternehmen des Mitbegründers des Gilroy-Knoblauchfestes Don Christopher, ist heute der größte Knoblauchlieferant der Welt.

Auf dem Knoblauchfest in Gilroy kann man sogar ein Knoblaucheis genießen!

Ein beliebtes Element während des dreitägigen Festes sind Knoblauchflechtkurse, -wettbewerbe und -vorführungen.

Eingelegter Knoblauch, Knoblauchpaste und -senf sind nur drei der unzähligen Knoblauchprodukte, die man in Gilroy kaufen kann.

Am Ende des Festes ist jedermann glücklich: Besucher, Standbesitzer, Veranstalter und nicht zuletzt die vielen örtlichen Wohltätigkeitsvereine und Gemeindeprojekte, denen der Festerlös zugute kommt. In Gilroy kann Knoblauch in der Tat als »Allheilmittel« bezeichnet werden.

TOMATEN-ZUCCHINI-GRATIN

Dieses frische, sommerliche Gericht erinnert in Geschmack, Aroma und Duft an die Provence. Da es reichlich Knoblauch enthält, sollte man es nur ausgesprochenen Knoblauchfans servieren!

Für 4 Personen

4 EL Olivenöl
1 große Zwiebel, in Ringen
2 große Zucchini, in Scheiben
3 Knoblauchzehen, zerdrückt
2 EL frische Petersilie, fein gehackt
6 frische Basilikumblätter, grob zerkleinert

Salz
frisch gemahlenen schwarzen Pfeffer
3 große Tomaten, gehackt
4 EL frischer Parmesan, gerieben

Den Ofen auf 200 Grad (Gas: Stufe 6) vorheizen. 1 Eßlöffel Öl in einem Topf erhitzen und die Zwiebel bei geringer Hitze 5 Minuten dünsten. Die Zucchinischeiben dazugeben und alles unter häufigem Rühren 10 Minuten kochen. Inzwischen das restliche Öl mit dem Knoblauch, der Petersilie, dem Basilikum und den Gewürzen verrühren. Die Zwiebel-Zucchini-Masse in eine feuerfeste, ungefähr 8 Zentimeter hohe Form füllen und die gehackten Tomaten darauf verteilen. Mit der Öl-Kräuter-Mischung beträufeln und mit dem Parmesan bestreuen.

Das Gratin im Ofen 20 Minuten goldgelb backen und anschließend sofort in der Form servieren.

Konservieren von Knoblauch nach einem Rezept von Frau Gill

Man nehme 60 Knoblauchzehen, lege sie in einen ½ Liter Quellwasser, hänge sie übers Feuer und lasse sie 1½ Stunden kochen. Man nehme sie heraus, gebe sie erneut in einen ½ Liter kochendes Wasser und lasse sie darin 30 Minuten kochen. Man gieße das Wasser erneut ab, füge wiederum einen ½ Liter kochendes Wasser hinzu und koche darin den Knoblauch wie zuvor. Man bereite den Sirup zu und gebe den Knoblauch dazu, nachdem man ihn aus dem Wasser genommen hat. Man koche ihn langsam im Sirup, bis dieser den Stockpunkt von anderem Eingemachten erreicht. Den Sirup bereite man folgendermaßen zu: Man nehme ein Pfund feinsten Puderzucker und füge ¼ Liter Quellwasser, 6 Eßlöffel Ysopwasser und 3 Eßlöffel besten Weißweinessig hinzu. Man hänge das Ganze übers Feuer und lasse es kochen und aufschäumen, dann gebe man den Knoblauch hinein und konserviere ihn wie vorher angegeben. Der Knoblauch kann nun verwendet werden, er hilft gegen Erkältungen und Husten. Man verabreiche dem Kranken jede Nacht 3 Knoblauchzehen und anschließend 1 Eßlöffel Sirup, bis alles verbraucht ist.

REBECCA PRICE,
THE COMPLEAT BOOK,
17. JAHRHUNDERT

Knoblauchrestaurants

Mit Knoblauch zubereitete Speisen sind heute so beliebt, daß es überall auf der Welt Restaurants gibt, in denen ausschließlich Knoblauchgerichte serviert werden.

In London sowie in verschiedenen Städten in USA und Schweden finden sich »Garlic and Shots«, in Los Angeles und San Francisco sind Restaurants mit dem Namen »The Stinking Rose« angesiedelt, die mit dem Motto prahlen: »Wir würzen unseren Knoblauch mit Lebensmitteln.« Hier gibt es Spargel-Knoblauch-Suppe, Knoblauchhackbraten mit Knoblauchkartoffelpüree, Knoblauch mit geräuchertem Mozzarella sowie hausgemachten Salat mit Knoblauchvinaigrette und gerösteten Walnüssen, zu dem Knoblauchbrot, gegrillter Knoblauch und eingelegte Knoblaucholiven serviert werden. Dazu kann man einen Knoblauchwein namens »Château de Garlic« oder ein Knoblauchbier trinken.

GEWÜRZZUCCHINI

Dieses schnell zubereitete Gericht kann zu einer indischen Tafel oder als würzige Beilage zu Fleisch oder Fisch gereicht werden. Knoblauch ist in der indischen Küche weit verbreitet, häufig wird er mit vielen anderen Gewürzen und Kräutern zu einer Paste mit einem intensiven, abgerundeten Aroma verarbeitet.

Für 4 Personen

2 EL Öl
1 TL schwarze Senfsamen
1 EL Kümmel
3 Knoblauchzehen, fein gehackt
1 frische rote Chilischote, entkernt und in dünnen Scheiben
3 mittelgroße Zucchini (ca. 450 g), in Scheiben

3 Tomaten, enthäutet und gehackt
1 TL Korianderpulver
1 TL Kurkumapulver
5 EL Joghurt
1 Handvoll frische Korianderblätter, gehackt

Das Öl in einer mittelgroßen Pfanne erhitzen, die Senfsamen sowie den Kümmel dazugeben und 30 Sekunden braten, bis sie aufspringen. Den gehackten Knoblauch sowie die Chilischote hineinrühren und alles nochmals 1 Minute braten. Die Zucchinischeiben, die Tomaten und das Koriander- sowie Kurkumapulver dazugeben. Alles gut verrühren, bis die Zucchinistücke mit den Gewürzen überzogen sind. Die Hitzezufuhr reduzieren und das Ganze zugedeckt 5 Minuten kochen, bis die Zucchini weich sind.

Den Joghurt in die Mischung rühren und darin erwärmen. Die Pfanne vom Herd nehmen und die gehackten Korianderblätter dazugeben. Sofort servieren.

Iß Lauch im März und Knoblauch im Mai,
auf daß der Arzt das ganze Jahr arbeitslos sei.

ALTES ENGLISCHES SPRICHWORT

CREMIGES KARTOFFELPÜREE MIT KNUSPRIGEN SPECKSTREIFEN

Verwöhnen Sie sich mit diesem köstlichen Kartoffelgericht, wenn Sie darauf Lust haben. Der Knoblauch verliert etwas von seiner Schärfe und Intensität, da die ganzen Zehen zuvor gekocht werden.

Für 4 Personen

1 kg Kartoffeln, geschält und geviertelt	*150 heiße Sahne oder Milch*
7 Knoblauchzehen, ungeschält	*Salz und frisch gemahlener schwarzer Pfeffer*
4 Scheiben geräucherter Speck	*etwas Butter*

Die Kartoffelstücke zusammen mit den Knoblauchzehen in einen großen Topf mit Wasser legen und zum Kochen bringen. Die Hitzezufuhr reduzieren und alles 15 Minuten kochen, bis die Kartoffeln weich sind.

Inzwischen den Grill auf der höchsten Stufe vorheizen und den Speck darin knusprig braten. Die Scheiben anschließend in ungefähr 1 Zentimeter große Stücke zerteilen.

Die Kartoffeln abtropfen lassen und den Knoblauch herausnehmen. Die Kartoffeln zurück in den Topf legen. Die Knoblauchenden abschneiden, das Püree herausdrücken und zu den Kartoffeln geben. Die Kartoffeln mit einem Kartoffelstampfer zerdrücken. Das Püree leicht erwärmen und die heiße Sahne oder Milch portionsweise einrühren, das Ganze mit den Gewürzen kräftig abschmecken. Die Speckstreifen unterziehen und das Püree in eine vorgewärmte Schüssel füllen. Mit einem Klecks Butter garnieren und sofort servieren.

HÄHNCHEN MIT GEGRILLTEN PAPRIKA- UND CHILISCHOTEN

Der Salat läßt sich sehr gut im voraus zubereiten. Er ist gut geeignet, um übriggebliebenes Hähnchenfleisch von einer Grillparty zu verwerten. Der Salat schmeckt jedoch so köstlich, daß es sich auch lohnt, das Fleisch extra dafür zuzubereiten.

Für 4 Personen

3 EL Olivenöl

4 Knoblauchzehen

1 große rote Paprikaschote, geviertelt und entkernt

1 große gelbe oder orange Paprikaschote, geviertelt und entkernt

3 große rote Chilischoten, entkernt

600 ml Geflügel- oder Gemüsebrühe

Salz und frisch gemahlener schwarzer Pfeffer

2 große Hähnchenbrustfilets, gehäutet

Für das Dressing

4 EL Joghurt

3 EL Olivenöl

1 EL Weißweinessig

1 Knoblauchzehe, zerdrückt

1 EL frische Minze, fein gehackt

Salz und frisch gemahlener schwarzer Pfeffer

60 g Rauke oder andere grüne Salatblätter

Den Ofen auf 190 Grad (Gas: Stufe 5) vorheizen. Das Olivenöl in eine flache Backform gießen und im vorgewärmten Ofen leicht erwärmen. Den Knoblauch mit der Löffelrückseite zerdrücken und in das Öl legen. Die Paprikastücke sowie die ganzen Chilischoten dazugeben. Alles gut mischen und 35 Minuten backen. Anschließend den Paprika abkühlen lassen und den Knoblauch wegwerfen.

Inzwischen die Brühe in eine feuerfeste Form gießen und mit Salz sowie frisch gemahlenem schwarzem Pfeffer würzen. Das Hähnchenfleisch dazugeben und die Form mit Alufolie bedecken. Das Fleisch 20 Minuten im Ofen pochieren, anschließend aus der Brühe nehmen und abkühlen lassen. Das abgekühlte Fleisch schnetzeln.

Für das Dressing sämtliche Zutaten in ein Gefäß mit Schraubverschluß füllen und gut schütteln. Beiseite stellen.

Die Salatblätter in einer Schüssel anrichten. Die abgekühlten Paprikaschoten in ungefähr 1 Zentimeter dicke Streifen und die Chilischoten in dünne Scheiben schneiden. Die Paprika- und Chilischoten sowie das geschnetzelte Hähnchenfleisch auf den Salatblättern verteilen. Das Dressing nochmals schütteln, anschließend über den Salat gießen und das Ganze sofort servieren.

SPINAT-AVOCADO-PILZ-SALAT MIT KNOBLAUCHCROÛTONS

Man kann diesen einfachen, köstlichen Salat zu vielen verschiedenen Gelegenheiten servieren. Sie können ihn als Vorspeise, Zwischenmahlzeit oder Beilage reichen. Er eignet sich zudem für ein kaltes Buffet, gibt aber auch ein leckeres und leichtes Abendessen ab. Verarbeiten Sie die Avocados erst kurz vor dem Servieren, damit sie sich nicht verfärben.

Für 4 Personen

Für die Knoblauchcroûtons
2 dicke Scheiben Weißbrot
2 EL Olivenöl
2 große Knoblauchzehen, zerdrückt

Für das Dressing
4 EL Olivenöl
1 EL Weißweinessig
4 EL Sahne
2 Knoblauchzehen, zerdrückt
1 TL Dijonsenf

Für den Salat
150 g junger Blattspinat
100 g Egerlinge oder Champignons, in dicken Scheiben
2 reife Avocados

Den Ofen auf 220 Grad (Gas: Stufe 7) vorheizen. Für die Croûtons das Weißbrot in ungefähr 2 Zentimeter dicke Würfel schneiden. Das Öl und den Knoblauch in einer Schüssel mischen, die Brotwürfel dazugeben und gut darin wenden, bis sie gleichmäßig mit dem Knoblauchöl bedeckt sind. Die Brotwürfel auf ein Backblech legen und 5–10 Minuten knusprig backen.

Für das Dressing sämtliche Zutaten in ein Gefäß mit Schraubverschluß füllen und gut schütteln. Beiseite stellen.

Den Spinat waschen und trocknen, sämtliche Stiele entfernen. In eine Schüssel legen und die zerkleinerten Pilze dazugeben. Die Avocados halbieren, den Stein entfernen, anschließend schälen und würfeln. Die Avocadowürfel zu der Spinat-Pilz-Masse geben und alles gut mischen.

Das Dressing kurz vor dem Servieren nochmals schütteln und danach über den Salat gießen. Den Salat mit den Knoblauchcroûtons belegen und sofort servieren.

GARNELEN-KRABBEN-SALAT MIT KNOBLAUCH-AVOCADO-DRESSING

Obwohl das Dressing reichlich Knoblauch enthält, hält sich sein Aroma im Hintergrund und unterstreicht hervorragend den Geschmack der Garnelen und Krabben.

Für 4 Personen

Für das Dressing
5 große Knoblauchzehen, ungeschält
1 große, reife Avocado
4 EL saure Sahne
5 EL Olivenöl
2 EL Zitronensaft
Salz und frisch gemahlener schwarzer Pfeffer

Für den Salat
60 g Salatblätter
250 g Krabbenfleisch (frisch oder aus der Dose)
16 Riesengarnelen, gekocht und geschält, tiefgekühlte zuvor auftauen

Für das Dressing die Knoblauchzehen in einen kleinen Topf mit kochendem Wasser werfen und darin 20 Minuten kochen. Anschließend abtropfen lassen und schälen. Den Knoblauch zusammen mit den restlichen Zutaten in einem Mixer zu einem cremigen Dressing pürieren.

Die Salatblätter auf 4 Tellern verteilen und das Krabbenfleisch sowie die Garnelen darauf anrichten. Mit etwas Dressing beträufeln und servieren. Die restliche Sauce getrennt dazu reichen.

73

Kaiser Claudius

Die Römer verwendeten Knoblauch vielfältig. Soldaten und Gladiatoren sollte er Stärke verleihen, und die Ärzte verwendeten ihn erfolgreich als wirksames Antibiotikum. Weniger bekannt war hingegen seine Schutzfunktion vor Vergiftungen – etwas, wovor die römische Oberschicht stets auf der Hut war! Im Jahre 54 v. Chr. heiratete der neue römische Kaiser Claudius Agrippina, die Mutter des berüchtigten Nero. Agrippina überredete Claudius dazu, ihren Sohn als Erben zu adoptieren. Anschließend schmiedete sie ein Komplott, bei dem ihr Ehemann vergiftet und Nero als Thronfolger eingesetzt werden sollte.

Claudius hatte einen Lieblingspilz. Seine Ehefrau ließ ein spezielles Gericht mit diesen Pilzen zubereiten, das vergiftet war. Als sie dieses Gericht eines Abends Claudius reichte, wurde dieser bewußtlos und mußte vom Tisch gebracht werden. Zum Unglück für Agrippina hatte ihr Ehemann jedoch auch zahlreiche andere Speisen gegessen, die allesamt reichlich mit Knoblauch gewürzt waren, und gewaltige Mengen an Wein getrunken. Claudius überlebte den Anschlag, Wein und Knoblauch wurden daraufhin von den Römern als Gegenmittel bei Vergiftungen eingesetzt.

Agrippina war jedoch eine einfallsreiche Frau. Noch in derselben Nacht wies sie den Arzt an, nach dem kranken Claudius zu sehen und »den Hals des Leidenden mit einer vergifteten Feder zu kitzeln«. Diesmal hatte Claudius jedoch kein Glück; er starb, und Nero bestieg daraufhin den Thron.

NUDEL-GEMÜSE-SALAT MIT WALNUSSDRESSING

Das Dressing schmeckt nach Knoblauch und Nuß und ist eine ideale Beilage zu gegrilltem oder frischem Gemüse. Das Dressing paßt auch hervorragend zu heißen, frisch gekochten Nudeln.

Für 4 Personen

1 rote Paprikaschote	**Für das Dressing**
1 gelbe Paprikaschote	5 EL Olivenöl
150 g Penne oder eine andere Nudelsorte, frisch oder getrocknet	2 oder 3 Knoblauchzehen, grob gehackt
1 kleine rote Zwiebel, in dünnen Ringen	50 g Walnüsse
8 Kirschtomaten, halbiert	6 frische Basilikumblätter
60 g schwarze Oliven	30 g Parmesan, gerieben
	Salz und frisch gemahlener schwarzer Pfeffer

Den Grill auf höchster Stufe vorheizen. Die rote und gelbe Paprikaschote 10–15 Minuten grillen, bis die Haut leicht gebräunt ist, zwischendurch wenden. Die Paprikaschoten in eine Plastiktüte legen und diese verschließen (die Plastiktüte verhindert Feuchtigkeitsverlust).

Inzwischen in einem großen Topf Wasser zum Kochen bringen und darin die frischen Nudeln ungefähr 8 Minuten bzw. die getrockneten Nudeln 12 Minuten kochen. Das Wasser abgießen, die Nudeln mit kaltem Wasser abbrausen und in eine Schüssel füllen.

Die Paprikaschoten aus der Plastiktüte nehmen, schälen, entkernen und in 1 Zentimeter dicke Streifen schneiden. Die Zwiebelringe trennen und zusammen mit den Paprikastreifen, den Tomatenhälften und den schwarzen Oliven zu den Nudeln geben.

Für das Dressing sämtliche Zutaten in einem Mixer 30–60 Sekunden pürieren. Die Nüsse sollen fein zerkleinert und nicht püriert werden. Die Gemüsemischung mit dem Walnußdressing begießen und alles gut mischen.

Man kann diesen Salat mehrere Stunden im voraus zubereiten und zugedeckt im Kühlschrank aufbewahren. Das Knoblaucharoma verstärkt sich dabei.

Knoblauchprodukte

Knoblauch ist heute in vielen verschiedenen Zubereitungsformen sowohl zum Kochen als auch für medizinische Zwecke erhältlich, wobei jede ihre besonderen Vorzüge besitzt.

Getrockneter Knoblauch

Getrockneter Knoblauch wird aus in Scheiben geschnittenen oder gehackten Zehen hergestellt. Nach dem Trocknungsprozeß erhält man kleine cremefarbene Flocken oder Stücke. Man kann getrockneten Knoblauch für alle gekochten Gerichte verwenden, sollte ihn dabei aber vor oder während des Kochens hinzufügen, damit er weich wird. Ein knapper Teelöffel getrockneter Knoblauch entspricht etwa einer frischen Zehe. Er weist einen nussigen, machmal karamelartigen Geschmack auf und kann gut für knoblauchhaltige Gerichte mit einem charakteristischen Aroma verwendet werden. Getrockneter Knoblauch wird auch für medizinische Zwecke eingesetzt.

Knoblauchpulver

Zur Herstellung von Knoblauchpulver wird getrockneter Knoblauch zu einem groben, cremefarbenen Pulver zerrieben. Auch Knoblauchpulver sollte man vor oder während des Kochens den Gerichten zusetzen, damit es weich werden kann. Ebenso sollte man Salatdressing eine Stunde ziehen lassen, damit das Pulver ausreichend Zeit hat, um weich zu werden. Ein halber Teelöffel Knoblauchpulver entspricht etwa einer mittelgroßen frischen Zehe. Sein Geschmack gleicht dem von getrocknetem Knoblauch. Knoblauchpulver kann auch für medizinische Zwecke verwendet werden; es ist der Hauptbestandteil von Knoblauchtabletten.

Knoblauchpüree

Knoblauchpüree ist eine dicke, weiße Paste, die aus Knoblauchpulver, Öl, Salz und Konservierungsstoffen hergestellt wird. Man kann es für gekochte Gerichte und Salatdressing verwenden und zur Herstellung von Knoblauchbroten einsetzen. Es schmeckt salzig und weist ein leichtes Nußaroma auf. Man muß daher beim Salzen der Speisen vorsichtig sein. Ein halber Teelöffel Püree entspricht etwa einer mittelgroßen frischen Zehe. Knoblauchpüree wird vorrangig in der Küche eingesetzt, da ein Teil seiner medizinischen Eigenschaften bei der Herstellung verlorengeht.

Knoblauchsalz

Mit Hilfe von Knoblauchsalz, einer Mischung aus feingeriebenem, getrocknetem Knoblauch und Salz, kann man die Speisen auf schnelle und einfache Weise mit zwei wichtigen Aromastoffen wür-

zen. Vorsicht ist beim Einsatz von Knoblauchsalz bei gekochten Gerichten, zum Beispiel in Schmorgerichten oder Eintöpfen, nötig, damit man die Speisen nicht versalzt. Man kann es hervorragend dem Kochwasser für Gemüse zusetzen oder geröstete Nüsse damit bestreuen. Man kann es für Salatdressings oder anstelle von gewöhnlichem Salz für Brote und andere pikante Backwaren verwenden. Knoblauchsalz wird nur selten für medizinische Zwecke eingesetzt.

Knoblauchkapseln

Knoblauchkapseln wurden angeblich von J. A. Höfels entwickelt, einem deutschen Arzt, der 1920 nach England auswanderte. Er hielt Knoblauch für ein Heilmittel gegen zahlreiche Krankheiten und glaubte, daß man die Leute nur zum Verzehr überreden kann, wenn man seinen Geschmack überdeckt. Aus diesem Grund nahm er die Entwicklung eines Prozesses in Angriff, um das Öl aus den Zehen zu extrahieren und in einer dicken, festen, gallertartigen und eßbaren Substanz zu speichern.

Vor der Extraktion müssen die rohen Zehen zunächst gekocht werden. Auf diese Weise bleibt ein Großteil des wertvollen Schwefels erhalten, der Knoblauchkapseln zu einem wirksamen natürlichen Behandlungsmittel gegen Erkältungskrankheiten, Virus- und Hefepilzerkrankungen macht. Beim Kochen wird jedoch ein Großteil des Allicin zerstört, jenes Bestandteils, der Blutzirkulation und Cholesterinspiegel positiv beeinflußt.

Knoblauchtabletten

Knoblauchtabletten eignen sich am besten für medizinische Zwecke. Bei der Herstellung wird der Knoblauch zunächst getrocknet und zu Pulver zerrieben. Bei diesem Prozeß bleibt das Allicin erhalten. Das Pulver wird anschließend zu kleinen Pillen geformt und mit einem festen, eßbaren Überzug versehen. Nach der Einnahme löst sich der Überzug im Magen auf, und die wertvollen Knoblauchbestandteile können in den Blutstrom aufgenommen werden. Da der Knoblauch nicht über die Lungen ausgeschieden wird, entsteht auch kein unangenehmer Atem.

Man sollte stets Tabletten von hoher Qualität kaufen. Diese sind in der Regel am Preis erkennbar. Zur Herstellung von Knoblauchtabletten wird Knoblauch aus der ganzen Welt verwendet, der sich in seinem Gehalt an aktiven Bestandteilen unterscheidet. Man kann die Qualität prüfen, wenn man die Tabletten zerschneidet und den Geruch und den Geschmack bewertet. Je intensiver Geschmack und Aroma sind, desto wirkungsvoller sind die Tabletten.

KAPITEL 3

Fleisch- und Geflügel

Auf der ganzen Welt wird Knoblauch verwendet, um damit die verschiedensten Fleisch- und Geflügelgerichte zu aromatisieren. Von dem leckeren Knoblaucharoma profitiert jedes Fleischgericht, angefangen von Braten und einfachen Salaten bis hin zu würzigen Currys und üppigen Eintöpfen.

FLEISCH UND GEFLÜGEL

Fleisch und Knoblauch sind ideale Partner. Knoblauch kann jedem Fleischgericht ein wunderbares Aroma verleihen. Das Knoblaucharoma durchdringt langsam das gesamte Fleisch, wenn man zu Beginn ein oder zwei geschälte Knoblauchzehen in den Bräter legt. Grillen Sie für das Rezept »Hähnchen mit 40 Knoblauchzehen« die ganzen Zehen und drücken Sie diese anschließend aus; sie sind eine ausgezeichnete natürliche Beilage. Spicken Sie Lammkeulen oder zarte Hähnchenbrüste mit ganzen oder zerteilten Knoblauchzehen. Fügen Sie schlichtem, gekochtem Fleisch ein Relish zu und servieren Sie es zu oder in einem Salat mit einem Knoblauchdressing. Verleihen Sie dem Fleisch mit einer Knoblauch-marinade einen köstlichen Beigeschmack. Kombinieren Sie Knoblauch mit Ingwer, Chilischoten sowie Tomatenpüree zu Lamm und mit Sojasauce, Sesamöl und Ingwer bei der Zubereitung von Teriyaki-Hähnchen nach japanischer Art. Knoblauch darf an keinem Curry fehlen, auch andere langsam gegarte Gerichte, wie Gulasch oder Schmorbraten oder zum Beispiel Schweinekotelett nach Mittelmeerart, schmecken immer köstlich, wenn sie mit Knoblauch zubereitet werden. Knoblauchfüllungen können für sämtliche Fleischsorten verwendet werden: Knoblauch mit Reis und Pilzen ist eine würzige Füllung für Schweinefilet, zusammen mit Minzelamm und Reis kann er in Weinblättern aufgerollt werden.

Die Verkäuferin von Gebratenem, *Pietro Longhi, 18. Jahrhundert*

GULASCH MIT KNOBLAUCHNUDELN

Shpaetzlen sind traditionelle jüdische Nudeln, die zu Gulasch gereicht werden. Sie gleichen schleifenförmigen Nudeln (Farfalle), die in vielen Supermärkten und Feinkostläden erhältlich sind. Sie wurden auch für dieses Rezept verwendet. Entsprechend dem jüdischen Glauben dürfen Fleisch und Milchprodukte nicht gleichzeitig verzehrt werden. Heutzutage wird jedoch vielfach saure Sahne zum Gulasch gereicht.

Für 4 Personen

1 kg mageres Gulaschfleisch, in 2 cm großen Würfeln

2 EL Mehl, mit Salz und frisch gemahlenem schwarzem Pfeffer gewürzt

3 EL Schmalzöl oder Pflanzenöl

1 große Zwiebel, gehackt

2 Knoblauchzehen, fein gehackt

1 TL Paprikapulver

300 ml Tomatensaft

2 mittelgroße Kartoffeln, gewürfelt

Salz und frisch gemahlener schwarzer Pfeffer

250 g Schleifennudeln (Farfalle), frisch oder getrocknet

50 g Butter

2 Knoblauchzehen, zerdrückt

150 ml saure Sahne

Die Gulaschwürfel in dem gewürzten Mehl wenden. 2 Eßlöffel Schmalz- oder Pflanzenöl in einer großen Kasserolle stark erhitzen und die Fleischwürfel darin kräftig anbraten. Das Fleisch mit einem Sieblöffel herausnehmen und in eine Schüssel legen. Die Hitzezufuhr reduzieren, die Zwiebel hinzufügen und in dem restlichen Öl 10 Minuten unter häufigem Rühren vorsichtig dünsten. Den Knoblauch dazugeben und alles weitere 2 Minuten dünsten. Das Fleisch in den Topf geben, mit dem Paprikapulver bestreuen und einige Minuten köcheln lassen. Den Tomatensaft angießen, zum Kochen bringen und das Ganze zugedeckt 1 Stunde köcheln lassen. Die Kartoffelwürfel dazugeben und alles weitere 30 Minuten schmoren, bis die Kartoffeln weich sind und das Gulasch eingedickt ist. Das Gericht nach Geschmack nachwürzen.

Inzwischen die frischen Nudeln ungefähr 8 Minuten bzw. die getrockneten Nudeln 12 Minuten kochen, abtropfen lassen und in eine vorgewärmte Schüssel füllen. Die Butter in einer kleinen Pfanne schmelzen und die zerdrückte Knoblauchzehe dazugeben. Den Knoblauch 1 Minute unter häufigem Rühren dünsten, er darf nicht braun werden. Die Knoblauchbutter über die Nudeln gießen und gut unterheben. Zum Servieren die Nudeln auf Tellern anrichten und das Gulasch darauf verteilen. Die saure Sahne getrennt dazu reichen.

TERIYAKI-HÄHNCHEN

Es handelt sich um ein japanisches Rezept, das man auch gut mit Rind- oder Schweinefleisch zubereiten kann. Man sollte das Hähnchen mindestens 30 Minuten marinieren, besser sind jedoch einige Stunden oder im Idealfall die ganze Nacht. Die Marinade erwärmen, während das Hähnchen kocht, und diese aromatische Sauce zusammen mit gekochtem Reis servieren.

Für 4 Personen

4 Knoblauchzehen, zerdrückt	*120 ml Geflügelbrühe*
3 cm frische Ingwerwurzel, geschält und gehackt	*1 TL Stärkemehl*
2 TL Sesamöl	*4 Hähnchenbrüste, in 3 cm großen Würfeln*
120 ml Sake oder trockener Sherry	*6 Frühlingszwiebeln, in 3 cm großen Stücken*
180 ml Sojasauce, vorzugsweise japanische Shojusauce	*4 Frühlingszwiebeln, zerkleinert, als Beilage*
2 EL Zucker	

Zunächst 6–8 Bambusspieße 1 Stunde in kaltem Wasser einweichen, damit sie beim Braten des Hähnchens nicht verbrennen. Man kann andernfalls auch Metallspieße verwenden. Für die Marinade Knoblauch, Ingwer und Sesamöl in einen Topf geben und darin langsam erhitzen. Alles 1 Minute kochen lassen und anschließend Sake oder trockenen Sherry, Sojasauce, Zucker und Geflügelbrühe dazugeben. Das Ganze aufkochen und 10 Minuten köcheln lassen.

Das Stärkemehl mit 1 Eßlöffel Wasser verrühren und in die Sauce rühren. Die Sauce unter ständigem Rühren erneut aufkochen lassen, dann die Hitzezufuhr reduzieren und die Sauce 5 Minuten köcheln lassen, bis sie leicht eingedickt ist. Vom Herd nehmen und abkühlen lassen.

Die Hähnchenwürfel sowie die Frühlingszwiebeln in eine Schüssel legen und mit der Marinade begießen. Alles gut mischen und zugedeckt mindestens 30 Minuten marinieren.

Den Grill auf hoher Stufe vorheizen. Das Hähnchenfleisch sowie die Frühlingszwiebeln aus der Marinade nehmen und abwechselnd auf die Spieße stecken. Das Grillgitter einfetten und die Kebabs darauf legen. Die Spieße mit der Marinade bestreichen und auf jeder Seite 5–6 Minuten grillen, zwischendurch erneut mit Marinade bestreichen.

Inzwischen die restliche Marinade in einen kleinen Topf füllen und zum Kochen bringen. Auf kleiner Hitze so lange köcheln lassen, bis die Spieße gar sind. Die Teriyaki-Hähnchen auf einem Reisbett servieren und zusätzlich mit zerkleinerten Frühlingszwiebeln bestreuen. Die Sauce getrennt dazu reichen.

SCHWEINEKOTELETTS NACH MITTELMEERART

Dieses erfrischende Gericht ist schnell zubereitet und kann als schmackhafter Hauptgang bei einer Einladung serviert werden. Die Sauce läßt sich im voraus zubereiten. Servieren Sie zu den Koteletts Reis oder Kartoffeln sowie irgendein frisches Gemüse. Dazu paßt auch ausgezeichnet ein cremiges Kartoffelpüree mit knusprigen Speckstreifen (siehe Seite 71).

Für 4 Personen

3 EL Olivenöl	*400 g reife Tomaten (frisch oder aus der Dose), gehackt*
4 Schweinekoteletts ohne Knochen	*90 g schwarze Oliven*
1 Zwiebel, gehackt	*2 frische Thymianzweige*
1 rote Paprikaschote, entkernt und in dünnen Streifen	*Salz und frisch gemahlener schwarzer Pfeffer*
12 Knoblauchzehen, geschält und zerquetscht	*6 frische Basilikumblätter*

Den Ofen auf 180 Grad (Gas: Stufe 4) vorheizen. Eine Pfanne erhitzen und anschließend 2 Eßlöffel Öl zufügen. Die Schweinekoteletts in die Pfanne legen, sobald das Öl anfängt zu rauchen. Das Fleisch auf beiden Seiten 2 Minuten braten, bis es braun ist und sich die Poren geschlossen haben, und anschließend in eine feuerfeste Form legen.

Das restliche Öl in die Pfanne geben und bei mittlerer Hitze darin erwärmen. Die Zwiebel dazugeben und 5 Minuten langsam dünsten. Die Paprikastreifen und die zerquetschten Knoblauchzehen hinzufügen. Alles weitere 5 Minuten dünsten, bis die Zwiebel und die Paprikaschote weich sind. Tomaten, Oliven, Thymian sowie Gewürze dazugeben und alles gründlich mischen. Die Koteletts mit der Sauce begießen, mit Alufolie bedecken und ungefähr 20 Minuten im Ofen backen. Kurz vor dem Servieren die Basilikumblätter zerkleinern und über das Gericht streuen. Die Knoblauchzehen gleichmäßig auf den Tellern verteilen.

»Friede und Glück beginnen, sobald Knoblauch beim Kochen verwendet wird.«

MARCEL BOULESTIN,
FRÜHES 20. JAHRHUNDERT

83

HÄHNCHEN MIT 40 KNOBLAUCHZEHEN

Die Menge an Knoblauch erscheint zwar ungeheuer groß, die Zehen werden jedoch ungeschält gebraten und verleihen diesem berühmten französischen Gericht aus der Dauphiné ein überaus köstliches Aroma.

Für 4 Personen	*90 g Mehl*
je 1 großer Bund Petersilie,	*5 EL Wasser*
Thymian und Rosmarin	
2 Lorbeerblätter	*Für die Bratensauce*
1 Brathähnchen (ca. 1,8 kg)	*(wahlweise)*
Salz und frisch gemahlener	*300 ml Geflügel- oder Gemüse-*
schwarzer Pfeffer	*brühe*
7 EL Olivenöl	*2 EL Stärkemehl*
40 Knoblauchzehen, ungeschält	*5 EL Sahne*

Den Ofen auf 180 Grad (Gas: Stufe 4) vorheizen. Die Kräuter und die Lorbeerblätter zu zwei Sträußchen (Bouquet garni) binden, eines etwas kleiner als das andere. Das Hähnchen waschen, trockentupfen und innen sowie außen mit Salz und Pfeffer würzen. Das kleinere Sträußchen in die Bauchhöhle des Hähnchens stopfen. Das Öl in einer ausreichend großen Kasserolle mit Deckel schwach erhitzen und das zweite Bouquet garni sowie die Knoblauchzehen hinzufügen. Das Hähnchen dazugeben und wenden, bis es gleichmäßig mit dem Öl überzogen ist. Das Sträußchen bei Bedarf wieder nach unten legen. Das Stärkemehl mit dem Wasser zu einer dicken Paste verrühren. Die Paste zu einer langen Rolle formen und auf den Rand der Kasserolle drücken, damit der Deckel später luftdicht abschließt. Das Hähnchen 1 1/2 Stunden im Ofen braten. Zum Servieren den Deckel mitsamt Verschlußpaste entweder zuvor oder erst vor den Augen der Gäste entfernen.

Für die Bratensauce das Hähnchen herausnehmen und zusammen mit zwei Dritteln der Knoblauchzehen in eine vorgewärmte Schüssel legen. Das Bouquet garni entfernen und wegwerfen. Die Kasserolle auf die Herdplatte stellen und den Inhalt bei mittlerer Hitze erwärmen. Die restlichen Knoblauchzehen ausdrücken und das Püree mit dem Bratensaft mischen. Die Brühe angießen und verrühren. Das Stärkemehl mit 1–2 Eßlöffeln Wasser mischen, zu einer glatten Masse verrühren und dem Bratensaft unter Rühren hinzufügen. Die Sahne zur eingedickten Sauce dazugeben. Alles nochmals erwärmen und anschließend servieren.

RINDERGESCHNETZELTES NACH THAILÄNDISCHER ART

In diesem Gericht ist zwar nur eine einzige Knoblauchzehe enthalten, zusammen mit den anderen Zutaten erhält man jedoch ein wunderbar scharfes Dressing, mit dem das Fleisch überzogen wird. Nach der angebenen Garzeit ist das Fleisch rosa gebraten; wer durchgebratenes Fleisch möchte, brät das Fleisch auf beiden Seiten zusätzlich 1–2 Minuten.

Für 4 Personen

1 große rote Paprikaschote
60 g Rauke oder andere grüne
  Salatblätter
500 g Rinderfilet
1 EL Olivenöl

Für das Dressing

5 EL kaltgepreßtes Olivenöl
1 ½ EL Balsamessig
1 EL Limettensaft
1 TL Senfpulver
1 Knoblauchzehe, zerdrückt
1 EL frischer Koriander,
  gehackt
Salz und frisch gemahlener
  schwarzer Pfeffer

Den Grill auf hoher Stufe vorheizen. Für das Dressing sämtliche Zutaten gut mischen.

Die Paprikaschote in den Ofen legen und darin unter gelegentlichem Wenden 15 Minuten grillen, bis die Haut gebräunt ist. Die Paprikaschote in eine Plastiktüte legen und abkühlen lassen. Die abgekühlte Paprikaschote enthäuten und entkernen. Das Fruchtfleisch in dünne Streifen schneiden und mit den Raukeblättern mischen.

Das Rindfleisch zwischen zwei Schichten fettdichtes Papier legen und mit einem Nudelholz auf eine Dicke von 1½–2 Zentimetern flach drücken. Anschließend eine Pfanne erhitzen, das Öl dazugeben und erhitzen. Das Rinderfilet in die Pfanne legen, auf jeder Seite 2½–3 Minuten braten, aus der Pfanne nehmen und schräg in dünne Streifen schneiden.

Die Raukeblätter und die Paprikastreifen auf Tellern anrichten, mit der Hälfte des Dressings mischen. Die Fleischstreifen auf den Salat legen und mit dem restlichen Dressing begießen. Das Gericht sofort servieren.

GEBRATENE LAMMKEULE MIT KNOBLAUCH UND ROSMARIN

Der reichlich vorhandene Knoblauch überdeckt nicht das Aroma des Lammfleisches, sondern versetzt es mit einem zarten Knoblauchgeschmack. Servieren Sie dazu gebratenes Gemüse sowie Rotwein- und Minzesauce.

Für 4 Personen
1½ kg Lammkeule
10–15 Knoblauchzehen, in dicken Scheiben
20 kleine Rosmarinzweige
750 g Kartoffeln, geschält und grobzerkleinert
2 rote Zwiebeln, geachtelt
2 EL Olivenöl
Salz und frisch gemahlener schwarzer Pfeffer

Für die Minzesauce
2 EL frische Minze, gehackt
1 EL Zucker
2 EL kochendes Wasser
3 EL Weißweinessig

Für die Bratensauce
Bratensaft
1 EL Mehl
3 EL Rotwein
300 ml Gemüsebrühe
Salz und frisch gemahlener schwarzer Pfeffer

Den Ofen auf 180 Grad (Gas: Stufe 4) vorheizen. Die Lammkeule mit der Spitze eines scharfen Messers einritzen und je eine Knoblauchscheibe sowie ein Rosmarinzweiglein in die Einschnitte stecken. Die Lammkeule in einen Bräter geben und den restlichen Knoblauch um das Fleisch herum legen. Die Kartoffeln und die Zwiebeln in den Bräter legen, mit dem Öl beträufeln und mit Salz sowie frisch gemahlenem schwarzem Pfeffer würzen. Die Gemüsestücke in der Öl-Gewürz-Mischung wenden, bis sie gleichmäßig damit überzogen sind. Alles im Ofen 1 Stunde 40 Minuten braten (25 Minuten pro 500 g Fleisch sowie 25 Minuten zusätzlich) oder bis das Fleisch gar ist. Wer rosa gebratenes Fleisch bevorzugt, verkürzt die Garzeit um 25 Minuten. Das Fleisch (den Bratensaft aufheben) und das Gemüse auf eine vorgewärmte Servierplatte legen, mit Alufolie bedecken und warm halten.

Die Minzesauce zubereiten, während das Fleisch gart. Hierzu sämtliche Zutaten in eine kleine Schüssel geben und mindestens 1 Stunde ziehen lassen.

Das gesamte Fett bis auf 1 Eßlöffel von dem Bratensaft abschöpfen. Den Bräter mitsamt Bratensaft bei mittlerer Hitze auf die Herdplatte stellen und das Mehl hineinrühren. Den Bratensatz vom Bräterboden lösen. Den Rotwein sowie die Gemüsebrühe angießen und alles unter Rühren aufkochen lassen, damit keine Klümpchen entstehen. Das Ganze einige Minuten kochen lassen und anschließend mit Salz sowie frisch gemahlenem schwarzem Pfeffer würzen. In eine vorgewärmte Sauciere oder einen Krug gießen.

Das Lammfleisch zusammen mit dem gebratenen Gemüse, der Braten- sowie der Minzesauce servieren. Dazu paßt auch anderes Gemüse, wie Erbsen oder Brokkoli oder das Sellerie-Knoblauch-Püree auf Seite 65.

GEFÜLLTE WEINBLÄTTER

Gefüllte Weinblätter sind eine Spezialität im gesamten Mittleren Osten, in Griechenland und der Türkei. Die Blätter sind nur selten frisch, meist sind sie in Salzwasser eingelegt erhältlich. In der Regel werden die Blätter mit Lammhackfleisch gefüllt, Sie können aber auch gehacktes Hähnchen- oder Putenfleisch verwenden. Reichen Sie die Blätter als Vorspeise oder bei einem Buffet.

Für 4 Personen (ergibt 16 gefüllte Weinblätter)

28 Weinblätter	2 EL frische Petersilie, gehackt
3 EL Olivenöl	2 EL Korinthen oder Sultaninen
1 große Zwiebel, fein gehackt	
4–5 Knoblauchzehen, zerdrückt	Salz und frisch gemahlener schwarzer Pfeffer
3 EL Mittelkornreis	
250 g Lamm-, Hähnchen- oder Putenhackfleisch	150 ml Lamm-, Geflügel- oder Gemüsebrühe
2 EL frische Minze, gehackt	1 Zitrone, geachtelt

Die Weinblätter unter fließendem Wasser abspülen, 3 Minuten in kochendem Wasser portionsweise blanchieren und anschließend in eine Schüssel mit kaltem Wasser legen. Die Blätter abtropfen lassen, zum Trocknen auf Küchenpapier legen und beiseite stellen.

In einer Pfanne 1 Eßlöffel Öl erhitzen und darin die Zwiebel 5–6 Minuten bei mäßiger Hitze dünsten, bis sie weich ist. Die zerdrückten Knoblauchzehen dazugeben und alles weitere 2 Minuten dünsten.

Reis, Hackfleisch, Kräuter sowie Korinthen oder Sultaninen in eine große Schüssel legen und alles gut vermengen. Mit der Zwiebel-Knoblauch-Masse mischen und kräftig würzen. 16 Weinblätter mit der glänzenden Seite nach unten (Blattrippen nach oben) auf die Arbeitsfläche legen. In die Mitte jedes Blatts etwas Füllung setzen. Die Blattenden und -seiten über der Füllung zusammenschlagen, zur Blattspitze hin aufrollen und ein Paket daraus formen. Den Boden einer kleinen feuerfesten Form mit 6 Weinblättern auslegen, die gefüllten Weinblätter in zwei oder drei Schichten anordnen und mit dem übrigen Öl beträufeln. Mit der Brühe begießen und mit den restlichen Weinblättern bedecken. Die gefüllten Weinblätter mit einem kleinen Teller nach unten drücken. Die Form zudecken, den Teller in der Form belassen und das Gericht bei geringer Hitze 1 Stunde auf der Herdplatte köcheln lassen.

Die gefüllten Weinblätter aus der Kochflüssigkeit herausnehmen, auf einer Platte mit Weinblättern anrichten und heiß oder kalt servieren. Zitronenspalten dazu reichen.

RINDERCURRY

Knoblauch und Ingwer verleihen diesem Curry ein authentisches, frisches Aroma, das gekauftes Pulver bei weitem übertrifft. Reichen Sie zu einer exotischen indischen Tafel Reis, Pappadam, Chutneys und Joghurt.

Für 4 Personen

1 TL Korianderpulver
1 TL Kümmelpulver
1 TL Zimtpulver
3 EL Sonnenblumenöl
750 g mageres Rindfleisch (zum Schmoren), in 3 cm großen Würfeln
1 große Zwiebel, fein gehackt
6–7 Knoblauchzehen, zerdrückt
5 cm frische Ingwerwurzel, geschält und gerieben
2 frische rote Chilischoten, entkernt und in Scheiben

4 Nelken
4 Kardamomkapseln
2 TL Kurkumapulver
1 EL Tomatenmark
2 reife Tomaten, grob gehackt
1 Lorbeerblatt
Salz und frisch gemahlener schwarzer Pfeffer
4 EL Joghurt
2 EL frischer Koriander, gehackt

Eine Kasserolle mit schwerem Boden bei mittlerer Hitze erwärmen und darin Koriander-, Kümmel- und Zimtpulver unter ständigem Rühren trocken rösten. Die Gewürze herausnehmen und beiseite stellen. Die Hälfte des Öls im gleichen Topf erhitzen und darin die Fleischwürfel von allen Seiten anbraten, bis sie Farbe annehmen. Mit einem Sieblöffel herausheben und beiseite stellen. Das restliche Öl in die Kasserolle geben und die Zwiebel bei geringer Hitze darin 10 Minuten dünsten, bis sie weich und goldgelb gefärbt ist. Den Knoblauch, den Ingwer und die Chilischoten hinzufügen und alles weitere 2 Minuten dünsten. Die gerösteten Gewürze, die Nelken, die Kardamomkapseln und das Kurkumapulver hineinrühren und alles nochmals 1 Minute kochen. Das angebratene Fleisch in den Topf geben und umrühren, bis alle Stücke gleichmäßig mit den Gewürzen überzogen sind. Alles weitere 2 Minuten kochen. Tomatenmark, Tomaten, 175 Milliliter Wasser und das Lorbeerblatt dazugeben. Das Ganze kräftig würzen und aufkochen lassen. Nun die Hitzezufuhr reduzieren und das Gericht zugedeckt 1 Stunde köcheln lassen, bis das Fleisch zart ist. Etwas Wasser nachgießen, falls beim Kochen zu viel Flüssigkeit verdampft. Anschließend das Curry mit dem Joghurt verrühren und mit den Korianderblättern bestreuen.

LAMMKEBABS

Lamm und Knoblauch sind ideale Partner. Für die Marinade wird unreife, grüne Papaya verwendet, man kann aber statt dessen auch Papayasaft oder Fleischzartmacher nehmen. Reichen Sie zum Kebab Reis und Salat.

Für 4 Personen

Für die Marinade
5 Knoblauchzehen, zerdrückt
3 cm frische Ingwerwurzel, geschält und gerieben
2 EL unreife, grüne Papaya, gehackt, oder 2 EL Papayasaft oder 1 TL Fleischzartmacher
1 TL Chilipulver
1 EL Tomatenmark
1 EL Pflanzenöl

Salz und frisch gemahlener schwarzer Pfeffer

Für die Spieße
750 g Lammfilet, in 3 cm großen Würfeln
1 rote Zwiebel, geachtelt und in Schichten getrennt
1 rote Paprikaschote, entkernt und in 3 cm großen Würfeln

Bambusspieße 1 Stunde in kaltem Wasser einweichen, damit sie beim Braten nicht verbrennen. Man kann andernfalls auch Metallspieße verwenden. Für die Marinade sämtliche Zutaten in einer Schüssel zu einer Paste verrühren und die Fleischwürfel dazugeben. Das Fleisch gründlich in der Marinade wenden und zugedeckt mindestens 6 Stunden, am besten über Nacht, darin marinieren. Die Fleisch-, Zwiebel- und Paprikastücke abwechselnd auf die Spieße stecken. Den Grill auf hoher Stufe vorheizen und das Gitter einfetten, um ein Festkleben zu verhindern. Die Spieße 10–12 Minuten grillen und gelegentlich wenden, damit das Fleisch gleichmäßig gart. Zwischendurch mit der Marinade bestreichen. Reis und Salat dazu reichen.

Knoblauch und Tiere

Knoblauch wird seit langem für ein hervorragendes Stärkungs- und Behandlungsmittel für Tiere gehalten. Wilde Tiere können sämtliche Knoblaucharten ausfindig machen, und Gorillas pflanzen tatsächlich wilden Knoblauch neben ihren Behausungen an.

Auf sämtlichen Tierfarmen der Welt wird Knoblauch verfüttert. Für Vieh und Pferde wird er gehackt und mit Kleie sowie Melasse vermischt, für Hunde gibt es knoblauchhaltige Hundekuchen. Knoblauch ist ein allgemeines Stärkungsmittel, er reinigt das Blut der Tiere und stärkt die Abwehrkraft gegen Erkrankungen. Man behauptet zudem, daß er die Leistung von Zuchtbullen und -hengsten steigert. In einem Heilpflanzenbuch aus dem 16. Jahrhundert von Cole (»Art of Simpling«) wird beschrieben, daß Knoblauch im Futter die Kampfbereitschaft von Kampfhähnen und ebenso von Pferden erhöht.

In der Tiermedizin ist Knoblauch ein wertvolles Heilmittel, das die Reinigung des Blutes und den Auswurf von Schleim fördert. Man kann ihn zur Behandlung gegen Würmer, von entzündeten Eutern und zur Auflösung von Blutgerinnseln in den Beinen von Pferden verwenden. Er wird äußerlich zur Desinfektion von entzündeten und wunden Stellen eingesetzt.

Nachteilig ist, daß sich die Behandlung von Milchvieh mit Knoblauch auf den Geschmack der Milch auswirkt. Wenn jedoch zur Melkzeit gefüttert wird, haben die Aromastoffe bis zum nächsten Melken den Blutstrom wieder verlassen. Da Kühe eine Vorliebe für wilden Knoblauch haben, müssen ihn die Bauern von den Weiden entfernen.

Früher wurde Knoblauch auch verwendet, um böse Kräfte von den Tieren abzuwehren. In Schweden wurden beispielsweise Knoblauchzehen am Hals von Kühen und Pferden befestigt, um Kobolde abzuschrecken. Man glaubte, daß sie nachts die Milch der Kühe stehlen oder ein Pferd zuschanden reiten.

Auch im Sport wurden Tiere und Knoblauch in Verbindung gebracht. Die Jockeys hatten die Angewohnheit, das Gebiß der Pferde mit Knoblauch einzureiben oder eine Knoblauchzehe am Zaumzeug zu befestigen, um ein erfolgreiches Rennen zu laufen. Es ist nicht bekannt, ob er den Pferden helfen oder die Rivalen abschrecken

Dieser ausgelassene kleine Kobold entstammt einer Ausgabe aus dem Jahre 1901 der klassischen Kindergeschichte »Die Schneekönigin«. In Schweden wurde der Knoblauch eingesetzt, um die Hoftiere vor den boshaften Trollen und Gnomen zu schützen.

Selbst Haustiere können das Knoblaucharoma mit diesen knoblauchhaltigen Hundekuchen genießen.

Die Genesung eines Hundes

W. H. Butlin aus Essex beschrieb die folgende Erfahrung: »Ein 14jähriger Foxterrier war in kurzer Zeit in einen bemitleidenswerten Zustand geraten, mit geschwollenem Hals und einer häßlichen, hartnäckigen wunden Stelle am Schwanzansatz, das Fell war stumpf, struppig und fiel in rauhen Mengen aus. Ich verabreichte »Yadil Antiseptic« [ein knoblauchhaltiges Medikament] in seinem Trinkwasser, und in weniger als einem Monat wurde der Hund wieder gesund und munter, und – mirabile dictu – sein Fell wurde wieder fest, weich und glänzend.«

MORNING POST,
12. DEZEMBER 1922

sollte. Frau Grieve schrieb jedoch in ihrem 1931 verfaßten Buch »Modern Herbal«, daß »die ungarischen Jockeys eine Knoblauchzehe am Gebiß ihrer Pferde befestigen, in dem Glauben, daß die anderen Teilnehmer augenblicklich zurückfallen, wenn sie den unangehmen Atem beim Herannahen wahrnehmen«.

Auch Stierkämpfer trugen häufig eine Knoblauchzehe um ihren Hals. Während manche glaubten, daß der Knoblauch sie vor den Hörnern des Stiers schütze, wähnten sich andere vor den Angriffen der Tiere sicher.

Abwehr unliebsamer Tiere

Knoblauch wurde jahrhundertelang zur Abwehr unerwünschter Lebewesen eingesetzt. Schon sehr früh glaubte man, vor Skorpionen geschützt zu sein, wenn man Knoblauch bei sich trägt. Auf einem ägyptischen Papyrus steht geschrieben: »Eine Schlange bleibt in ihrem Loch, wenn man eine Knoblauchzehe hineinsteckt.«

Cole führt in seinem Heilpflanzenbuch weiter aus, daß »Maulwürfe mit Hilfe von Knoblauch oder Lauch sofort aus dem Boden kommen«. Die modernen Gärtner haben herausgefunden, daß getrocknetes Knoblauchpulver in der Umgebung von Sämlingen Insekten, Vögel und Maulwürfe ab-

wehrt und aufgelöstes Knoblauchpulver oder ein starker Aufguß mit zerdrücktem Knoblauch ein wirksames Mittel ist, um Insekten zu vertreiben.

Forscher der Universität von Washington haben in Seattle mehrere tausend Bäume vor dem Verbiß durch Hasen und Rotwild geschützt, indem sie Knoblauchpillen in die Erde einbrachten.

Man sollte Skorpione stets mit Vorsicht behandeln. Im alten Ägypten hielt man Knoblauch für ein wirksames Abwehrmittel.

Der Stierkampf« von Eugenio Lucas. Die Stierkämpfer glaubten, daß sie durch Knoblauch vor den Angriffen des Stiers oder zumindest vor Verletzungen durch seine Hörner geschützt seien.

GEBRATENE ENTENBRUST MIT KNOBLAUCH-TRAUBEN-SAUCE

Ente und Früchte passen hervorragend zusammen. Bei diesem Rezept werden Entenbrüste gebraten und in einer raffinierten Sauce aus Knoblauch und roten Trauben serviert. Gut geeignet ist die weniger fette Barbary-Entenbrust. Reichen Sie neue Kartoffeln und grünen Salat dazu.

Für 4 Personen
4 kleine oder mittelgroße Enten-
 brustfilets, gehäutet
2 große Knoblauchzehen, in
 Scheiben
1 EL Öl

Für die Sauce
30 g Butter
2 TL Zucker

2 Schalotten, fein gehackt
2 Knoblauchzehen, zerdrückt
1 TL Muskatnuß, gerieben
300 ml Rotwein, z. B. Bordeaux
 oder Burgunder
200 g rote Trauben, halbiert,
 entkernt und bei Bedarf
 gehäutet
Salz und frisch gemahlener
 schwarzer Pfeffer

Den Ofen auf 200 Grad (Gas: Stufe 6) vorheizen. Die Entenbrüste mehrmals 1 Zentimeter tief diagonal einschneiden und die Knoblauchscheiben in die Kerben stecken. Öl in einer Pfanne erhitzen und die Entenbrüste darin 4 Minuten, mit der Knoblauchseite nach oben, braten. Auf eine feuerfeste Platte legen und im Ofen 15 Minuten blutig braten, nach 20 Minuten ist das Fleisch rosa gebraten. Die Entenbrüste warm halten.

Für die Sauce die Butter schmelzen. Den Zucker dazugeben und unter Rühren zum Schmelzen bringen. Die Hitzezufuhr reduzieren, die Schalotten, den Knoblauch sowie die Muskatnuß dazugeben und alles weitere 3–4 Minuten kochen. Den Wein angießen und aufkochen lassen. Das Ganze anschließend bei geringer Hitze 10–15 Minuten köcheln lassen, bis die Sauce um ein Viertel eingekocht ist. Die Trauben dazugeben, die Sauce würzen und weitere 2 Minuten kochen. Das Fleisch auf Tellern anrichten und etwas Sauce angießen.

SCHWEINEFILET GEFÜLLT MIT KNOBLAUCH-PILZ-RISOTTO

Da der Reis als Füllung verwendet wird und eine schnelle Zubereitungsart gewählt wurde, steht ausreichend Zeit für die Zubereitung des restlichen Essens zur Verfügung. Das Gericht ist bestens geeignet für eine Einladung; servieren Sie dazu Bratkartoffeln und Gemüse der Saison.

Für 4 Personen

1 EL Olivenöl	30 g Butter
1 kleine Zwiebel, fein gehackt	1 EL Pflanzenöl
2½ Knoblauchzehen, zerdrückt	
60 g Risottoreis (Arborio)	Für die Bratensauce
250 ml Geflügelbrühe	½ Knoblauchzehe
120 ml Weißwein	1 EL Mehl
Salz und frisch gemahlener	3 EL trockener Sherry
schwarzer Pfeffer	300 ml Gemüsebrühe oder -sud
60 g Pilze, fein gehackt	Salz und frisch gemahlener
4 Schweinefilets	schwarzer Pfeffer

Den Ofen auf 180 Grad (Gas: Stufe 4) vorheizen. Für den Risotto das Olivenöl in einem Topf erhitzen und die Zwiebel darin bei schwacher Hitze 5 Minuten weich dünsten. Den Knoblauch dazugeben und alles weitere 2 Minuten kochen, anschließend den Reis einrühren. Das Ganze nochmals 1 Minute unter Rühren kochen, bis der Reis gleichmäßig von der Öl-Zwiebel-Mischung überzogen ist. Die Hitzezufuhr reduzieren und die Brühe sowie den Wein angießen. Alles gut würzen und zugedeckt 15–20 Minuten leise köcheln lassen.

Der fertig gegarte Reis sollte außen weich sein und innen noch einen leichten Biß haben. Die Pilze mit dem Risotto mischen, den Topf vom Herd nehmen und das Ganze abkühlen lassen.

Die Schweinefilets der Länge nach halbieren, jedoch nicht vollständig durchtrennen, einen 1 Zentimeter breiten Rand aussparen. Die Filets aufklappen, zwischen zwei Schichten fettdichtes Papier legen und mit einem Nudelholz flach klopfen. Nicht zu stark klopfen, da sonst das Fleisch zerreißt.

Die Filets mit Salz sowie Pfeffer würzen und mit der Pilz-Risotto-Füllung bestreichen. Die Filets aufrollen und mit drei oder vier Fäden zusammenbinden. Die Butter und das Pflanzenöl in einer großen Pfanne bei hoher Hitze erwärmen, die Filets dazugeben und auf allen Seiten anbräunen. Das Fleisch aus der Pfanne nehmen und auf eine feuerfeste Platte legen, den Bratensaft in der Pfanne belassen. Die Filets 40 Minuten in den Ofen stellen, bis sie gar sind.

Inzwischen für die Bratensauce die Knoblauchzehe zerdrücken, in die Pfanne mit Bratensaft geben und darin 30 Sekunden bei mittlerer Hitze dünsten. Das Mehl einrühren und gut vermischen. Die Hitzezufuhr erhöhen und den Sherry sowie die Brühe unter ständigem Rühren angießen, es dürfen keine Klümpchen entstehen. Das Ganze zum Kochen bringen und anschließend 4–5 Minuten kochen lassen, bis die Sauce eingedickt und leicht eingekocht ist. Die Sauce abschmecken und in eine Sauciere füllen.

Die Filets aus dem Ofen nehmen und die Fäden entfernen. Das Fleisch in etwa 3 Zentimeter dicke Scheiben schneiden und auf einer vorgewärmten Platte anrichten. Die Sherrysauce dazu reichen.

93

Indische Legende

Die älteste Sanskritschrift datiert zwischen 350 bis 375 v. Chr. und handelt von der indischen Legende über den Ursprung des Knoblauchs. Rahu, der König der Asuras, hatte das Lebenselixir gestohlen und getrunken. Der Gott Vishnu strebte jedoch nach Rache und enthauptete Rahu. Aus dem vergossenen Blut entsprang Knoblauch.

KAPITEL 4

FISCH-GERICHTE

Viele der unzähligen Fischgerichte auf der Welt sind mit Knoblauch gewürzt. Fisch mit mehr oder weniger Knoblauch ist stets ein duftendes und willkommenes Gericht, sei es pur oder mit Gewürzen, zusammen mit Gemüse oder ohne Beilage.

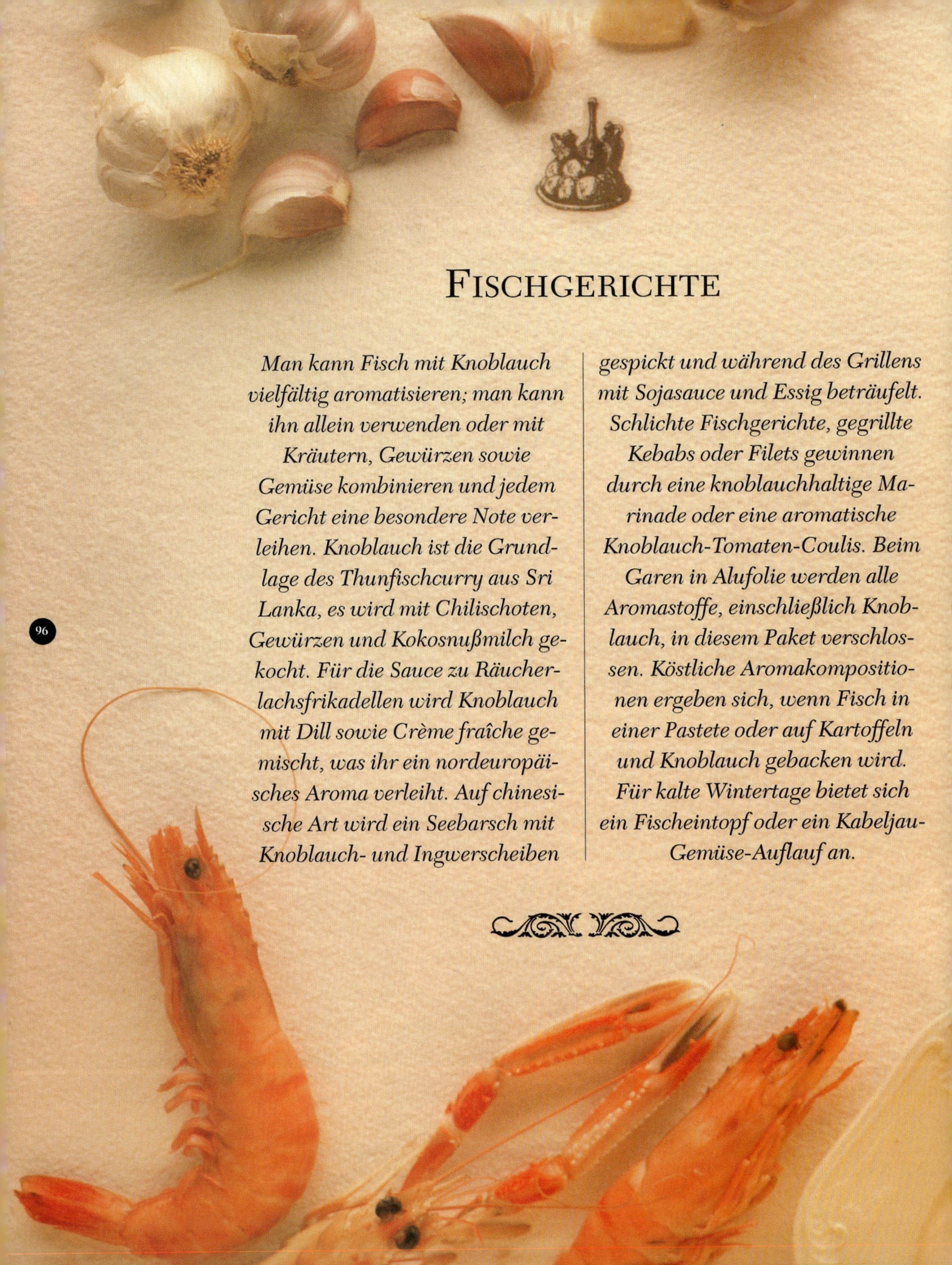

FISCHGERICHTE

Man kann Fisch mit Knoblauch vielfältig aromatisieren; man kann ihn allein verwenden oder mit Kräutern, Gewürzen sowie Gemüse kombinieren und jedem Gericht eine besondere Note verleihen. Knoblauch ist die Grundlage des Thunfischcurry aus Sri Lanka, es wird mit Chilischoten, Gewürzen und Kokosnußmilch gekocht. Für die Sauce zu Räucherlachsfrikadellen wird Knoblauch mit Dill sowie Crème fraîche gemischt, was ihr ein nordeuropäisches Aroma verleiht. Auf chinesische Art wird ein Seebarsch mit Knoblauch- und Ingwerscheiben gespickt und während des Grillens mit Sojasauce und Essig beträufelt. Schlichte Fischgerichte, gegrillte Kebabs oder Filets gewinnen durch eine knoblauchhaltige Marinade oder eine aromatische Knoblauch-Tomaten-Coulis. Beim Garen in Alufolie werden alle Aromastoffe, einschließlich Knoblauch, in diesem Paket verschlossen. Köstliche Aromakompositionen ergeben sich, wenn Fisch in einer Pastete oder auf Kartoffeln und Knoblauch gebacken wird. Für kalte Wintertage bietet sich ein Fischeintopf oder ein Kabeljau-Gemüse-Auflauf an.

Küchenszene mit Christus im Haus von Martha und Maria, *Diego Velazquez, 1618*

97

98

RÄUCHERLACHSFRIKADELLEN MIT KNOBLAUCH-DILL-SAUCE

Fischfrikadellen lassen sich einfach zubereiten und sind zu jeder Mahlzeit willkommen. Die Knoblauchsauce paßt zu den meisten Fisch-, Hähnchen- und Gemüsegerichten.

Für 4 Personen (ergibt 8 Frikadellen)

600 g Kartoffeln, geschält und grob gewürfelt
Salz
500 g weißes Fischfilet (z. B. Kabeljau, Scholle, Schellfisch)
30 g Butter, in kleinen Stücken
frisch gemahlener schwarzer Pfeffer
2 Knoblauchzehen, zerdrückt
1 EL frischer Dill, gehackt
100 g geräucherter Lachs, fein gehackt

1 Frühlingszwiebel, fein gehackt
1 Ei, verquirlt
125 g Semmelbrösel
Öl zum Braten

Für die Sauce
15 g Butter
2 Knoblauchzehen, fein gehackt
200 g Crème fraîche
1 EL frischer Dill, gehackt
1 TL Zitronensaft
Salz und frisch gemahlener schwarzer Pfeffer

Die Kartoffeln in einen großen Topf mit leicht gesalzenem Wasser legen und zum Kochen bringen. Die Hitzezufuhr reduzieren und die Kartoffeln 10–15 Minuten köcheln lassen, bis sie weich sind.

Die Fischfilets waschen, trockentupfen, in eine Grillpfanne legen, mit der Hälfte der Butter bedecken und mit Pfeffer würzen. Den Fisch 2–4 Minuten braten und beiseite stellen. Den abgekühlten Fisch zerlegen und eventuelle Gräten entfernen.

Die Kartoffeln abtropfen lassen und mit der restlichen Butter zu Brei zerdrücken. Fischstücke, Knoblauch, Dill, Räucherlachs, Frühlingszwiebel sowie Gewürze dazugeben und alles gut mischen. Die Masse mindestens 1 Stunde, besser über Nacht, kühl stellen. Anschließend die Mischung in 8 Portionen teilen und jedes Achtel zu einer Kugel formen. Die Kugeln auf einer bemehlten Arbeitsfläche wälzen und zu Frikadellen flach drücken. Die Frikadellen zuerst in dem Ei und dann in den Semmelbröseln wenden.

Das Öl in einer großen Pfanne bei mittlerer Hitze erwärmen und darin die Frikadellen portionsweise 2–3 Minuten auf jeder Seite braten, bis sie auf der Außenseite knusprig sind. Die Frikadellen herausnehmen und warm halten.

Für die Sauce die Butter in einem kleinen Topf bei mittlerer Hitze schmelzen. Den Knoblauch hinzufügen und unter häufigem Rühren 2 Minuten dünsten, er darf nicht braun werden. Die Crème fraîche einrühren und schmelzen lassen, dann die restlichen Zutaten dazugeben und sofort servieren.

MARINIERTE THUNFISCHKEBABS

Aus Thunfisch lassen sich köstliche Spieße zubereiten. Die Fischwürfel nehmen das Aroma der Knoblauchmarinade schnell an und werden wunderbar weich. Diese Kebabs kann man hervorragend grillen, dazu passen frischer Salat oder neue Kartoffeln und Gemüse.

Für 4 Personen (ergibt 8 Spieße)
450 g Thunfischsteaks
16 kleine Champignons

Für die Marinade
3 Knoblauchzehen, zerdrückt
3 EL Olivenöl
geriebene Schale und Saft von
1 Zitrone

geriebene Schale und Saft von
1 Orange
1 EL frischer, gehackter oder
1 TL getrockneter Thymian
Salz und gemahlener schwarzer
Pfeffer

8 Holzspieße 1 Stunde in kaltem Wasser einweichen, damit sie beim Braten nicht verbrennen. Man kann aber auch Metallspieße verwenden. Die Thunfischsteaks waschen, trockentupfen, in 2 Zentimeter dicke Würfel schneiden und diese in eine Schüssel (keine Metallschüssel) legen. Die Champignons abreiben und ebenfalls in die Schüssel legen. Sämtliche Zutaten für die Marinade vermischen und in die Schüssel gießen. Alles gut mischen, bis Fischwürfel und Pilze gleichmäßig mit der Marinade überzogen sind. Die Mischung abdecken und 30 Minuten im Kühlschrank marinieren lassen, Thunfisch und Pilze zwischendurch in der Marinade wenden.

Fischwürfel und je 2 Pilze auf die Spieße stecken. Den Grill auf hoher Stufe vorheizen und das Grillgitter einfetten. Die Kebabs mit der Marinade bestreichen und auf jeder Seite 2 Minuten grillen, zwischendurch erneut mit der Marinade bestreichen. Die Spieße sofort servieren.

Knoblauchfeste

Alte und neue Knoblauchfeste finden auf der ganzen Welt statt. Die Feier der »aioli monstre« (riesige Knoblauchmayonnaise), die jedes Jahr in der Provence stattfindet, geht auf das Mittelalter zurück. Hier wird Knoblauchmayonnaise zu frischem Gemüse, Brot und Rotwein gereicht.

In Kairo wird mit einem ungezwungenen Fest der erste frische Knoblauch der Saison gefeiert, bei dem die junge Pflanze zusammen mit anderen frischen Kräutern und Brot gegessen wird. Ebenfalls in Ägypten findet ein »Schnupperfest« statt, bei dem Knoblauch verzehrt, getragen und an Türrahmen und Fensterbrettern verrieben wird. Hierbei spiegelt sich der alte Glaube wider, daß Knoblauch vor bösen Mächten schützen soll.

Im Mittelalter wurde jährlich am 24. Juni in Bologna das Fest des heiligen Johann gefeiert, bei dem jedermann Knoblauch kaufte; er sollte die Menschen im folgenden Jahr vor Armut bewahren.

Das größte Knoblauchfest in den USA ist das Gilroy-Fest (siehe Seite 66), das jedes Jahr im Sommer stattfindet. Im Herbst gibt es ein Knoblauchfest in Saugerties am Hudson River, etwa 80 Kilometer von New York entfernt.

Die Insel Wight vor der Südküste Englands ist das Zuhause des einzigen Knoblauchfests in Großbritannien. Es findet seit elf Jahren am letzten Wochenende im August statt. Hier kann man knoblauchhaltiges Essen verzehren, bei Kochvorführungen zusehen, Knoblauchbier trinken und Knoblauch in jeder Form kaufen.

FORELLENFILETS MIT TOMATENCOULIS

Coulis ist eine ungekochte oder leicht gekochte Sauce von erstaunlich frischem Geschmack. Das Enthäuten und Entkernen der Tomaten ist zwar zeitaufwendig, die Coulis kann später jedoch besser gesiebt werden. Reichen Sie dazu neue Kartoffeln und frisches Gemüse.

Für 4 Personen

Für die Coulis
2 EL Olivenöl
1 Zwiebel, sehr fein gehackt
4 Knoblauchzehen, zerdrückt
500 g reife Tomaten, enthäutet, entkernt und gehackt
1 TL Zucker
Salz und frisch gemahlener schwarzer Pfeffer

6 getrocknete Tomaten in Öl, abgetropft und fein gehackt
6 frische Basilikumblätter, grob zerteilt
1 EL Olivenöl
8 Forellenfilets, enthäutet
15 g Butter
100 g Champignons, in dünnen Scheiben

Für die Coulis das Olivenöl bei mittlerer Hitze erwärmen und darin die Zwiebel 3–4 Minuten dünsten. Den Knoblauch dazugeben und weitere 2 Minuten dünsten, er darf nicht braun werden. Anschließend gehackte Tomaten, Zucker sowie Gewürze hinzufügen und das Ganze zugedeckt 30 Minuten köcheln lassen, gelegentlich umrühren.

Die Tomatensauce durch ein Sieb streichen und zurück in den gereinigten Topf geben. Die getrockneten Tomaten dazugeben und alles zum Kochen bringen, anschließend die Hitzezufuhr reduzieren und das Ganze bei geringer Hitze einige Minuten köcheln lassen. Die Tomatensauce vom Herd nehmen und die Basilikumblätter hineinrühren.

Das Öl in einer Pfanne erhitzen und die Forellenfilets darin 2–3 Minuten auf jeder Seite braten. Den Fisch auf eine vorgewärmte Platte legen und warm halten. Die Butter in die Pfanne geben und die Pilze darin vorsichtig dünsten.

Je zwei Forellenfilets auf den Tellern anrichten, mit etwas Tomatensauce begießen und einige gedünstete Pilze darauf verteilen.

KNOBLAUCHMUSCHELN
À LA MARINIÈRE

Dieses Rezept zählt zu den beliebtesten Muschelgerichten. Es läßt sich problemlos zubereiten, wenngleich das Reinigen der Muscheln vor dem Kochen einige Zeit in Anspruch nimmt. Verwenden Sie nur Muscheln, die fest geschlossen sind oder sich beim Anklopfen schließen. Beschädigte oder geöffnete Muscheln werden weggeworfen, da die Tiere bereits tot sind und Krankheiten verursachen können.

Für 4 Personen

3½ kg Muscheln
30 g Butter
1 Zwiebel, fein gehackt
3 Knoblauchzehen, fein gehackt
4 EL frische Petersilie, fein gehackt

300 ml Weißwein
Salz und frisch gemahlener schwarzer Pfeffer
Weißbrot als Beilage

Zunächst die Muscheln unter fließendem kaltem Wasser abbürsten und die an den Seiten sitzenden bürstenartigen Fäden entfernen. Beschädigte oder geöffnete Muscheln wegwerfen. Die gereinigten Muscheln in eine Schüssel legen. Abtropfen lassen und nochmals mit kaltem Wasser abspülen, um verbliebenen Sand oder Steinchen zu entfernen.

Die Butter in einem großen Topf schmelzen, die Zwiebel sowie den Knoblauch dazugeben und 5–6 Minuten darin weich dünsten. Drei Eßlöffel Petersilie sowie den Weißwein hinzufügen und das Ganze beinahe zum Kochen bringen. Die Muscheln dazugeben und 1–2 Minuten zugedeckt kochen. Den Topf während des Kochens rütteln, um den Garprozeß zu beschleunigen. Die Muscheln mit einem Sieblöffel herausheben und in eine vorgewärmte Schüssel legen, geschlossene Muscheln entfernen. Die Muscheln eventuell auf zwei Portionen kochen, falls der Topf zu klein ist.

Anschließend die Kochflüssigkeit bei großer Hitze etwas einkochen und mit den Gewürzen abschmecken. Die Flüssigkeit durch ein feinmaschiges Tuch oder ein feines Sieb gießen, um verbliebenen Sand oder Steinchen zu entfernen. Die Sauce auf den Tellern verteilen, mit der restlichen Petersilie bestreuen und das Gericht sofort servieren. Reichlich Weißbrot für die Sauce dazu reichen.

»Knoblauch ist zum Kauen und Ausräuchern geeignet.«
AUS EINEM ASSYRISCHEN PFLANZENBUCH,
8. JAHRHUNDERT V. CHR.

FISCHEINTOPF MIT BLÄTTERTEIGDECKEL

Für dieses Gericht eignen sich die meisten Fische, sofern man die Haut und die Gräten vor dem Zusetzen entfernt. Man kann den Eintopf in einer großen Form oder vier kleinen Formen zubereiten; er ist mit einem goldgelben Blätterteigdeckel verschlossen. Reichen Sie Brokkoli sowie Erbsen dazu und machen Sie Ihre Gäste darauf aufmerksam, daß sich ganze Knoblauchzehen im Essen befinden können!

Für 4 Personen

2 EL Olivenöl

15 g Butter

1 Zwiebel, fein gehackt

8 Knoblauchzehen, geschält und zerquetscht

2 mittelgroße Kartoffeln, geschält und gewürfelt

2 mittelgroße Lauchstangen, in 1 cm dicken Ringen

250 ml Fisch- oder Gemüsebrühe

250 ml trockener Weißwein

150 ml Sahne

2 EL frische Petersilie, gehackt

3 frische Thymianzweige

500–600 g Fisch (z. B. Scholle, Heilbutt, Kabeljau, Lachs), in mundgerechten Stücken

150 g Riesengarnelen, tiefgekühlte zuvor auftauen

3 Tintenfischtuben, geputzt und in Ringe geschnitten (wahlweise)

Salz und frisch gemahlener schwarzer Pfeffer

250 g Blätterteig, tiefgekühlten zuvor auftauen

1 Eigelb, verquirlt

Das Öl und die Butter in einem großen Topf bei mittlerer Hitze erwärmen, die Zwiebel dazugeben und darin ungefähr 5 Minuten weich dünsten. Den Knoblauch hinzufügen und alles nochmals 1 Minute dünsten. Die Kartoffeln und den Lauch dazugeben und das Ganze weitere 2 Minuten dünsten. Anschließend die Brühe sowie den Weißwein angießen, zum Kochen bringen und alles zugedeckt bei geringer Hitze 10–15 Minuten köcheln lassen, bis die Kartoffeln weich sind.

Den Topf vom Herd nehmen, Sahne, Kräuter, Fischstücke, Garnelen und Tintenfisch (wahlweise) hinzufügen und alles kräftig würzen. Den Eintopf völlig abkühlen lassen und anschließend in eine ausreichend große, feuerfeste Form füllen.

Den Ofen auf 200 Grad (Gas: Stufe 6) vorheizen. Inzwischen den Blätterteig zubereiten. Den Teig ungefähr 5 Millimeter dick ausrollen und daraus eine Form ausschneiden, die circa 5 Zentimeter größer als der Deckel der Auflaufform ist. Zusätzlich einen Streifen zurechtschneiden, der etwas breiter als der Formenrand ist und den gleichen Umfang aufweist.

Den Rand der Form mit dem Finger oder einem feuchten Pinsel befeuchten, den Blätterteigstreifen darauf legen und an den Enden zusammendrücken. Nun den Blätterteigstreifen befeuchten und den Deckel auf die Form auflegen. Den Deckel fest auf die Form drücken und bei Bedarf zurechtschneiden. Die Ränder mit Hilfe einer Messerklinge zusammendrücken und die Blätterteigränder hochschlagen, indem man mit einem waagerecht gehaltenen Messer vorsichtig am Rand entlang fährt. Aus den Blätterteigresten Blätter ausstechen und den Eintopf damit dekorieren. Das Ganze 20–30 Minuten in den Kühlschrank stellen.

Den Blätterteig in der Mitte mehrmals einschneiden, damit der Dampf entweichen kann. Den Eintopf mit dem verquirlten Ei bestreichen und im Ofen 25–30 Minuten backen, bis der Teig aufgegangen und goldgelb ist. Den Eintopf locker mit Alufolie abdecken, falls der Teig zu schnell bräunt.

Zur Herstellung von Einzelportionen die Mischung in vier kleine feuerfeste Formen füllen und wie oben beschrieben fortfahren. Entsprechend vier passende Blätterteigstreifen und -deckel zurechtschneiden. Die Garzeit beträgt 20–25 Minuten.

Mittel gegen Knoblauchduft

Es gibt zwar unzählige Knoblauchliebhaber, aber nur wenige,
die seinen hartnäckigen Duft mögen.

MITTEL GEGEN SCHLECHTEN ATEM

Der Verzehr von Knoblauch, insbesondere rohem Knoblauch, hat schlechten Atem zur Folge. Möglicherweise merken weder Sie noch die Vertilger des gleichen Essens etwas davon, die unerwünschte Nebenwirkung müssen aber vermutlich all jene »ausbaden«, die nicht in den Genuß dieses köstlichen Knoblauchessens gekommen sind. Theoretisch kann der Körper den Knoblauch um so besser verarbeiten, je mehr man davon verzehrt; dies hätte gleichzeitig weniger Auswirkung auf den Atem des Essers. Zudem würde sich keiner am Geruch stören, wenn jeder Knoblauch essen würde! Zurück in die Praxis, hier sind einige Gegenmittel:

Ein Aromatherapeut wird behaupten, daß das Einreiben der Fußsohlen mit reinem Pfefferminzöl den Atem innerhalb von 30 Minuten erfrischt. Das Öl wird über den Blutstrom aufgenommen, zu den Lungen transportiert und über die Atemluft ausgeschieden. (Umgekehrt riecht der Atem nach Knoblauch, wenn man die Fußsohlen damit einreibt.) Man kann also den Knoblauchgeruch nach dem Verzehr mit dem gleichermaßen intensiven Aroma von Pfefferminzöl bekämpfen. Das Einreiben der Fußsohlen wirkt schlechtem Atem entgegen.

Auch chlorophyllreichen Pflanzen wird eine gute Wirkung zugeschrieben – kauen Sie 1 Eßlöffel Petersilie oder eine rohe grüne Bohne. Andere empfehlen das Kauen von $\frac{1}{4}$ Teelöffel Kümmel, einer Kardamomkapsel, $\frac{1}{4}$ Teelöffel Anis- oder Fenchelsamen, einem Stück Apfel, einer Kaffeebohne oder einer Scheibe rohen Ingwers. An modernen Mitteln sind Chlorophylltabletten und Mundspülungen erhältlich, die Chloramin, Pfefferminzessenz oder ein Chlorophyllprodukt enthalten.

Frische, grüne Petersilie ist äußerst wirkungsvoll zur Bekämpfung von Knoblauchgeruch: Man kann sie gegen schlechten Atem kauen oder die Hände mit einer Mischung aus Petersilie und Zitronensaft einreiben.

MITTEL GEGEN KNOBLAUCHDUFT IM KÜHLSCHRANK

Gängige Produkte wie Vanilleessenz, Pfefferminzöl und Zitronensaft sind wirkungsvolle Mittel gegen Knoblauchgeruch. Die Abbildung zeigt die Zubereitung eines Arzneitranks in einer Apotheke des 19. Jahrhundert.

In eine kleine Schüssel 2 Eßlöffel Natriumbikarbonat geben, 6 Tropfen Vanilleessenz darauf träufeln und die Schüssel ohne Abdeckung in den Kühlschrank stellen. Nach 12 Stunden ist der Knoblauchgeruch verschwunden, und der Kühlschrank ist geruchsfrei.

KNOBLAUCHDUFT AN DEN HÄNDEN

Aus $\frac{1}{2}$ Teelöffel Salz und dem Saft $\frac{1}{2}$ Zitrone eine Lösung herstellen und die Hände damit einreiben. Mit Seife und warmem Wasser abwaschen. Man kann auch 50 Gramm Natriumbikarbonat zusammen mit dem Saft von 6 Zitronen sowie 15 Gramm Petersilie im Mixer gründlich pürieren und im Kühlschrank aufbewahren. Die Hände nach dem Kontakt mit Knoblauch damit einreiben und anschließend mit Seife und warmem Wasser abwaschen.

SPANISCHE ROTBRASSE

Eine im ganzen belassene Rotbrasse kann der Mittelpunkt bei einer Einladung sein. Der überaus geschmackvolle Fisch hat reichlich weißes Fleisch; er paßt gut zu Knoblauchkartoffeln und Zwiebeln. Brassen haben zwar zahlreiche große Gräten, diese lassen sich jedoch einfach entfernen.

Für 4 Personen

30 g Butter
4 EL Olivenöl
4 mittelgroße Kartoffeln, in dünnen Scheiben
2 Zwiebeln, in dünnen Scheiben
4 Knoblauchzehen, in dünnen Scheiben

1 Rotbrasse (1–1,3 kg), entschuppt, ausgenommen, ohne Kopf
Salz und frisch gemahlener schwarzer Pfeffer
150 ml Weißwein

Den Ofen auf 200 Grad (Gas: Stufe 6) vorheizen. Die Butter sowie 1 Eßlöffel Öl in einer großen Pfanne erhitzen. Die Kartoffelscheiben darin portionsweise 5 Minuten braten, ohne sie zu zerbrechen, anschließend herausnehmen und auf einen Teller legen. Die Zwiebeln sowie den Knoblauch in die Pfanne geben und darin 5 Minuten bei geringer Hitze dünsten.

Eine feuerfeste Auflauf- oder Backform leicht fetten und die Hälfte der Kartoffeln hineinschichten. Mit der Hälfte der Zwiebeln und des Knoblauchs bedecken. Den vorbereiteten Fisch darauf setzen, mit Salz sowie Pfeffer würzen und mit der zweiten Hälfte Zwiebeln, Knoblauch und Kartoffeln bedecken. Das Gericht nochmals abschmecken und mit dem Weißwein sowie dem restlichen Olivenöl begießen. Mit Alufolie bedecken und im Ofen 30 Minuten backen.

Die Alufolie entfernen und das Ganze weitere 10 Minuten backen. Als Beilage zu dem Fisch und den Knoblauchkartoffeln gegrilltes Gemüse reichen.

CHINESISCHE MEERBRASSE MIT INGWER

Meerbrassen sind sehr aromatisch und lassen sich hervorragend im ganzen grillen. Es sieht eindrucksvoll aus, wenn Sie den Fisch unzerteilt servieren. Der Fisch läßt sich einfach zerlegen und weist nur wenig Gräten auf.

Für 4 Personen

1 EL Sesam- oder Pflanzenöl
1 Meerbrasse (1–1,3 kg), entschuppt, ausgenommen, ohne Kiemen
2 oder 3 Knoblauchzehen, in dünnen Scheiben

3 cm frische Ingwerwurzel, geschält und in dünnen Scheiben
3 EL helle Sojasauce
2 EL Reisweinessig
4 Frühlingszwiebeln, in feinen Streifen

Den Grill auf hoher Stufe vorheizen. Ein Backblech mit Alufolie auslegen und mit etwas Öl bestreichen. Die Meerbrasse waschen sowie trockentupfen und diagonal auf beiden Seiten viermal tief einschneiden. Den Fisch auf das Blech legen und die Hälfte des Knoblauchs sowie des Ingwers in die Eingeweidehöhle legen. In die Kerben auf der Oberseite Knoblauch- oder Ingwerscheiben stecken. Die Sojasauce und den Reisweinessig mischen und die Hälfte davon über den Fisch gießen. Das Blech 10 Zentimeter unterhalb der Grillstangen in den Ofen schieben und den Fisch 10–12 Minuten grillen, zwischendurch mit Öl bestreichen und mit der Sojasauce-Essig-Mischung beträufeln. Den Fisch wenden, den übrigen Ingwer und den Knoblauch in die Kerben stecken und die restliche Sojasauce-Essig-Mischung darüber verteilen. Den Fisch weitere 10–12 Minuten grillen. Zum Wenden zwei Fischheber oder Bratenwender verwenden.

Anschließend den Fisch auf eine vorgewärmte Platte legen und die kleingeschnittenen Frühlingszwiebeln darauf und daneben verteilen. Den Fisch sofort servieren und Nudeln oder Reis sowie kurz gebratenes Gemüse dazu reichen.

Ägyptische Zahnheilkunde

Der ägyptische Zahnarzt und Arzt Hesyt Re lebte um 2600 v. Chr. Die Ägypter ließen sich ihre Zähne nicht ziehen, selbst wenn sie bereits verfault waren. Um den König von seinen Zahnschmerzen zu befreien, zerdrückte Re eine Knoblauchzehe, bestrich sie mit Honig und steckte sie in die Zahnlücke. Der Honig diente dabei zur Befestigung der Zehe.

Knoblauch für natürliche Schönheit

Heutzutage erkennen immer mehr Menschen, daß die reinigenden Eigenschaften von Knoblauch in verschiedenen Zubereitungsformen zu kosmetischen Zwecken eingesetzt werden können.

GESICHTSREINIGER

50 Gramm Lavendelblüten in einen Mixer geben, 4 Knoblauchzehen, den Saft von 1 Zitrone sowie 4 Eßlöffel Obstessig dazugeben, alles gründlich pürieren und in den Kühlschrank stellen. Die Mischung anschließend mit einem Wattebausch auf das Gesicht auftragen. Mit lauwarmem Wasser entfernen und das Gesicht zur Erfrischung mit kaltem Wasser abspritzen. Oder aber den Saft von 1 Zitrone mit 2 zerdrückten Knoblauchzehen und 4 Eßlöffel warmem Wasser verrühren. Die Mischung mit einem Wattebausch auf das Gesicht auftragen und mit lauwarmem Wasser entfernen. Beide Reinigungsmittel eignen sich insbesondere für fettige Haut.

KOSMETISCHER NUTZEN DES KNOBLAUCHVERZEHRS

Regelmäßiger Knoblauchverzehr bewirkt eine reine, makellose Haut.

Einen Knoblauchtee aus 1 Knoblauchzehe und 200 Milliliter kochendem Wasser herstellen. Zugedeckt abkühlen lassen und anschließend durchseihen. Durch das Trinken des Tees wird der Kreislauf angeregt, wodurch Falten geglättet werden.

Der Verzehr von Knoblauch fördert das Haarwachstum, verbessert die Haarbeschaffenheit und beseitigt Schuppen.

LOTIONEN FÜR KOPFHAUT UND HAARE

Sämtliche Zehen einer frischen Knoblauchknolle zerdrücken und in 125 Milliliter Wodka 3 Tage ziehen lassen. Die Flüssigkeit durch einen Filter gießen und mit der gleichen Menge Wasser auffüllen. Vier Tropfen Rosmarinöl dazugeben. Die Lotion einmal wöchentlich nach dem Waschen und Trocknen der Haare sanft in die Kopfhaut einmassieren und mit einer weichen Bürste im Haar verteilen; das Haar dabei nur anfeuchten und nicht naß machen.

Die Bäder des Caracalla, Lawrence Alma-Tadema, 19. Jahrhundert. Dem Knoblauch wurde schon frühzeitig reinigende Wirkung zugeschrieben. Knoblauchhaltige Schönheitsmittel und der Verzehr von Knoblauch führen zu reiner, makelloser Haut und zu glänzendem, gesundem Haar.

PERNOD-GARNELEN MIT NUDELN

Wenn Sie in Verlegenheit um neue Nudelrezepte sind, sollten Sie dieses ungewöhnliche und köstliche Gericht einmal ausprobieren. Die Garnelen werden mit Pernod flambiert, wodurch sie ein herrliches Anisaroma bekommen. Das Gericht läßt sich schnell zubereiten und kann als Vor- oder Hauptspeise gereicht werden.

Für 4 Personen

200 g Spaghettini (dünne Spaghetti), frisch oder getrocknet	500 g tiefgekühlte, geschälte Riesengarnelen, zuvor auftauen
90 g Butter	3 EL Pernod
6 Frühlingszwiebeln, in dünnen Ringen	Salz und frisch gemahlener schwarzer Pfeffer
2 Knoblauchzehen, zerdrückt	
2 TL Fenchelsamen	

In einem großen Topf reichlich Wasser zum Kochen bringen und darin frische Nudeln 8 Minuten bzw. getrocknete Nudeln 12 Minuten kochen. Die Nudeln anschließend abtropfen lassen und in eine vorgewärmte Schüssel füllen.

Für die Sauce die Hälfte der Butter in einer Pfanne schmelzen, die restliche Butter in kleine Stücke schneiden. Die Frühlingszwiebeln in die Pfanne geben und 1 Minute dünsten. Anschließend den Knoblauch sowie den Fenchelsamen hinzufügen und alles weitere 2 Minuten dünsten. Die Garnelen einrühren und 2–3 Minuten kochen, bis sie rosa anlaufen. Den Pernod in eine Tasse oder einen kleinen Krug füllen, in die Pfanne gießen und vorsichtig anzünden. Die Hand sofort zurückziehen, um Verletzungen zu vermeiden. Die Butterstückchen dazugeben, schmelzen lassen und mit dem Schneebesen verrühren. Die Sauce mit Salz und Pfeffer abschmecken.

Die Pernod-Garnelen sowie die Sauce auf den Nudeln verteilen und das Gericht sofort servieren. Als Beilage frischen Salat reichen.

»Was glaubst Du wohl? Junge Frauen von Rang essen – Du wirst es niemals erraten – Knoblauch!«

DER SCHOCKIERTE DICHTER SHELLEY IN EINEM BRIEF AN EINEN FREUND NACH EINEM BESUCH IN FRANKREICH, UM 1810.

GEBACKENE SEEBARBE IM GEMÜSEBETT

Es empfiehlt sich, die Seebarbe unausgenommen zu backen, da sich auf diese Weise das intensivste Aroma entwickelt. Bei diesem schnell zubereiteten Gericht kann man die Beilagen vorbereiten, während der Fisch brät. Ideale Beilagen sind neue Kartoffeln und frischer Salat.

Für 4 Personen

4 Seebarben à 400 g, entschuppt und ausgenommen	1 große Fleischtomate, in dünnen Scheiben
3 EL Olivenöl	4 frische Oreganozweige
1 Fenchel, in dünnen Scheiben	Salz und frisch gemahlener schwarzer Pfeffer
4 Knoblauchzehen, in Scheiben	

Den Ofen auf 200 Grad (Gas: Stufe 6) vorheizen. Vier ausreichend große Stücke Alufolie für die Fische zurechtschneiden und mit etwas Öl bestreichen. Ein paar Fenchelscheiben in die Mitte jeder Folie legen und die Fische darauf plazieren. Jeden Fisch mit einer in Scheiben geschnittenen Knoblauchzehe, 2 Tomatenscheiben und einigen Fenchelscheiben belegen. Die Fische mit Oreganoblättchen bestreuen, mit dem restlichen Olivenöl beträufeln und mit Salz sowie Pfeffer würzen.

Die Alufolie über dem Fisch locker zusammenschlagen und an den Rändern zusammendrücken. Die Fischpakete auf ein Backblech legen und im Ofen 25–30 Minuten backen.

Den Fisch sowie das Gemüse aus der Alufolie herausnehmen und auf Tellern anrichten.

KABELJAU-GEMÜSE-AUFLAUF

Dieser wärmende Auflauf wird mit Fisch sowie Gemüse zubereitet und mit einer wunderbar knusprigen, nussigen Kruste bedeckt. Servieren Sie das Gericht als Abendessen und reichen Sie Kartoffelbrei sowie frischen Salat dazu.

Für 4–6 Personen

600 ml fettarme Milch

500–750 g Kabeljaufilet, enthäutet

1 EL Oliven- oder Pflanzenöl

500 g Lauch, in dünnen Scheiben

3 Knoblauchzehen, zerdrückt

125 g Champignons, geviertelt

200 g Maiskörner (aus der Dose)

90 g tiefgekühlte Erbsen

Salz und frisch gemahlener schwarzer Pfeffer

45 g Butter

45 g Mehl

3 EL frische Petersilie, fein gehackt

Für die Kruste

125 g Semmelbrösel

90 g Cheddar, gerieben

60 g Nüsse, z. B. fein gehackte Hasel-, Erd- oder Walnüsse bzw. grobgehackte Mandelblättchen

Salz und frisch gemahlener schwarzer Pfeffer

15 g Butter, in Flöckchen

Die Milch in einem Topf bei mittlerer Hitze erwärmen und die Kabeljaufilets dazugeben. Den Topf von der Herdplatte ziehen, sobald die Milch Blasen bildet. Den Fisch wenden und in der Milch abkühlen lassen. Den abgekühlten Fisch mit einem Sieblöffel herausheben und beiseite stellen, die Milch für die Sauce aufheben.

Den Ofen auf 190 Grad (Gas: Stufe 5) vorheizen. Das Öl in einen Topf geben und darin den Lauch 5 Minuten bei geringer Hitze dünsten. Den Knoblauch hinzufügen und nochmals 1 Minute dünsten, er darf nicht braun werden. Die Pilze, die Maiskörner sowie die Erbsen dazugeben und alles einige Minuten kochen. Den Topf von der Herdplatte ziehen und das Gericht würzen.

Für die Sauce die Butter in einem kleinen Topf schmelzen, das Mehl dazugeben, alles gut mischen und 1 Minute kochen lassen. Die zurückbehaltene Milch unter ständigem Rühren portionsweise einrühren, damit sich keine Klümpchen bilden. Anschließend die Petersilie darunterziehen, die Sauce würzen und mit dem Gemüse mischen.

Alle Zutaten für die Kruste in einer Schüssel mischen, die Butter zurückbehalten. Eine feuerfeste Auflaufform einfetten und mit der Fischmischung füllen. Die Kruste und die Butterflöckchen darüberstreuen. Den Auflauf im Ofen 30–35 Minuten backen, bis die Kruste goldgelb ist. Sofort servieren.

Man kann den Auflauf bereits am Vortag vorbereiten und die Kruste kurz vor dem Backen darüberstreuen.

THUNFISCHCURRY MIT KOKOSNUSS-SAMBAL

Fischcurrys sind in Sri Lanka äußerst beliebt; zu einer Mahlzeit werden bis zu acht verschiedene Currysorten sowie eine Unmenge von Chutneys, Relishes und Sambals gereicht. Ein Sambal ist ein würziges Relish, das sich leicht zubereiten läßt; Kokosnuß-Sambal ist sehr verbreitet. Servieren Sie zu diesem Gericht gekochten Reis und Pappadams sowie verschiedene Chutneys und Relishes.

Für 4 Personen
4 mittelgroße frische Thunfisch-
steaks
Saft von 1 Limette
3 Knoblauchzehen, fein gehackt
1 kleine Zwiebel, fein gehackt
2–3 frische grüne Chilischoten,
entkernt und fein gehackt
1 cm frische Ingwerwurzel,
geschält und fein gehackt
½ TL Fenchelsamen, gemahlen
2 TL Koriander, gemahlen
½ TL Kümmel, gemahlen
½ Zimtstange
1 TL Chilipulver

1 TL Currypulver
1 Prise Salz
400 g Kokosnußmilch (aus der
Dose)

Für das Sambal
1 rote Zwiebel, fein gehackt
2 getrocknete rote Chilischoten,
entkernt und fein gehackt
Saft von 1 Limette
90 g frische geriebene Kokosnuß
oder 60 g getrocknete Kokos-
nuß, mit 1–2 EL warmer
Milch verrührt
1 TL Salz

Die Fischsteaks waschen, trockentupfen und in mundgerechte Stücke schneiden. Die Stücke in eine Schüssel legen, mit dem Limettensaft begießen und gut darin wenden.

Die restlichen Zutaten für das Curry in einen Topf geben und aufkochen lassen. Die Hitzezufuhr reduzieren und ohne Deckel 3 Minuten köcheln lassen. Den Fisch dazugeben und alles weitere 10 Minuten köcheln lassen.

Sämtliche Zutaten für das Sambal in einer kleinen Schüssel mischen und anschließend in eine Servierschüssel füllen.

Die Ingwerstange aus dem Curry entfernen und das Gericht zusammen mit dem Kokosnuß-Sambal servieren.

»Ich habe einige ausschweifende Wochen in London
verbracht und wurde von Circes Becher verwandelt –
nicht in ein Untier, sondern einen Kavalier. Nun esse ich
Knoblauch auf dem Lande.«

SYDNEY SMITH (1771–1845), ENGLISCHER ESSAYIST MIT
FEINSINNIGEM WITZ

KAPITEL 5

DRESSINGS UND SAUCEN

Raffinierte Dressings, Marinaden und Saucen verleihen selbst dem einfachsten Gericht etwas Besonderes. Sie erhalten eine wahrhaft königliche Mahlzeit, wenn Sie hochwertige Zutaten verwenden und ein wenig gehackten, zerdrückten oder pürierten Knoblauch dazugeben.

DRESSINGS UND SAUCEN

Bereiten Sie kleingeschnittenes Gemüse und ein Dressing aus hochwertigem Olivenöl, Weinessig sowie Knoblauch und bei Bedarf frischen Kräutern und ein wenig Senf zu. Kombinieren Sie nun das Gemüse und das Dressing zu einem perfekten Salat. Wer ein reichhaltigeres, dickeres Dressing bevorzugt, kann Aïoli verwenden, eine Knoblauchmayonnaise, die traditionell in der Provence serviert wird. Knoblauch ist zudem ein wichtiger Bestandteil vieler Dips. Es gibt kühle und erfrischende Dips, wie den griechischen Tzatziki, der aus Joghurt und Gurken zubereitet wird. Andere sind reichhaltig und glühendheiß, zum Beispiel Bagna Cauda, ein Anchovisdip aus dem Piemont in Italien. Viele schlichte Speisen kommen erst mit einer Sauce richtig zur Geltung. Probieren Sie eine Tomaten-Knoblauch-Sauce oder eine leichte, sahnige Sauce aus Brühe, Weißwein und Sahne. Zu würzigen Gerichten aus östlichen Ländern wird häufig ein kleines Schälchen knoblauchhaltiges Chutney oder Sambal gereicht, die einen Kontrast zu dem kräftig gewürzten Fleisch und Gemüse darstellen. In einer Knoblauchmarinade werden Fleisch und Fisch weich und aromatisch. Kombinieren Sie zerdrückten Knoblauch mit dem erfrischenden Aroma von Zitrussäften oder mit Rotwein, Gemüse und Kräutern.

omen domini inuocaui.

Bankettszene aus dem Luttrell Psalter, *1340*

114

AÏOLI (KNOBLAUCHMAYONNAISE)

Aïoli ist ein typisches Gericht aus der Provence, das man entweder zu rohem Gemüse oder zu Hähnchen, Schnecken, Fisch, gekochten Kartoffeln und gekochtem Gemüse essen kann. Man kann die Knoblauchmayonnaise auch für Sandwiches und Salate verwenden. Aïoli kann im Kühlschrank ungefähr eine Woche aufbewahrt werden.

Ergibt etwa 300 Milliliter

4 Knoblauchzehen, geviertelt
1 Prise Salz
2 Eigelb

300 ml Pflanzen- oder Olivenöl
1 EL Zitronensaft
1 Prise weißer Pfeffer

Aïoli wird traditionellerweise mit Mörser und Stößel zubereitet, wobei das Öl anfangs tropfenweise und später in größeren Mengen zugefügt wird. Heute wird die Mayonnaise in einem Mixer zubereitet. Sämtliche Zutaten müssen die gleiche Temperatur aufweisen. Den Knoblauch sowie ein wenig Salz in eine Schüssel geben und miteinander mischen. Das Eigelb hinzufügen und gründlich mit dem Knoblauch mischen. Anschließend das Öl tropfenweise hineinfließen lassen und mit dem Mixer vermischen. Neues Öl erst dazugeben, wenn das alte gründlich eingearbeitet ist. Größere Mengen an Öl zugeben, sobald die Mayonnaise fest wird. Wiederum das Öl zunächst gründlich vermengen, bevor neues zugesetzt wird. Die zweite Hälfte des Öls in einem gleichmäßigen, dünnen Strahl hineinfließen lassen. Das Öl heftig schlagend unter die Eiercreme arbeiten, bis eine dicke und cremige Mayonnaise entstanden ist. Mit dem Zitronensaft und dem weißen Pfeffer abschmecken. Falls die Mayonnaise gerinnt, 1–2 Teelöffel heißes Wasser schlagend einarbeiten. Andernfalls ein weiteres Eigelb in eine saubere Schüssel geben, die geronnene Mayonnaise tropfenweise hinzufügen und wie oben beschrieben verfahren. Das Knoblaucharoma ist um so ausgeprägter, je länger die Mayonnaise steht.

KNOBLAUCHVINAIGRETTE MIT FRISCHEN KRÄUTERN

Eine Schüssel Salat wird erst durch eine hochwertige Vinaigrette gekrönt. Machen Sie den Salat erst kurz vor dem Servieren an, damit er nicht zusammenfällt.

Ergibt etwa 120 Milliliter

6 EL kaltgepreßtes Olivenöl
2 EL Weißweinessig oder
  1¹/₂ EL Balsamessig
2 Knoblauchzehen, halbiert
1 TL grobkörniger Senf

2 TL frische Kräuter (z. B. Basilikum, Oregano, Petersilie und Schnittlauch), gehackt
Salz und frisch gemahlener schwarzer Pfeffer

Sämtliche Zutaten in ein Gefäß mit Schraubverschluß füllen und gut schütteln. Das Dressing einige Stunden vor der Verwendung ziehen lassen, damit es das Knoblaucharoma aufnehmen kann. Den Knoblauch herausnehmen und wegwerfen.

Um jederzeit einen Vorrat dieses köstlichen Knoblauchdressings zu haben, das Drei- oder Vierfache der oben beschriebenen Menge zubereiten und zusätzlich 2 halbierte Knoblauchzehen hinzufügen. Das Dressing kann mehrere Wochen in einem Gefäß mit Schraubverschluß an einem kühlen Ort aufbewahrt werden. Vor Gebrauch gut schütteln.

Einsatz von Knoblauch im Haushalt

Knoblauchzehen in Schubladen und Schränken hält Motten fern.

Knoblauch ist ein guter Ersatz für Papierklebstoff. Hierzu zwei Blätter Papier mit einer aufgeschnittenen Knoblauchzehe bestreichen. Zusammendrücken, bis der Saft getrocknet ist, und zusammenkleben.

MANGO-KNOBLAUCH-CHUTNEY

Chutneys passen hervorragend zu Curry, kaltem Fleisch und Käse. Dieses Chutney kann man zusammen mit Schinken oder Käse und Salat auch gut als Sandwichfüllung verwenden. Die Gläser zum Sterilisieren in einen Topf mit Gitter stellen, mit Wasser bedecken und zugedeckt 15 Minuten kochen lassen. Vor dem Einfüllen sämtliche Deckel und Dichtungen in kochendes Wasser tauchen.

Ergibt etwa 1 Kilogramm

500 ml Obstessig
500 g Zucker
5 Knoblauchzehen, fein gehackt
3 cm frische Ingwerwurzel, geschält und fein gehackt

2 große, feste Mangos, grob gehackt
60 g getrocknete Aprikosen, grob gehackt
125 g Rosinen

Den Essig sowie den Zucker in einen Topf mit schwerem Boden füllen und unter häufigem Rühren zum Kochen bringen, bis der Zucker geschmolzen ist. Die Hitzezufuhr reduzieren, die restlichen Zutaten hinzufügen und die Mischung unbedeckt 15 Minuten köcheln lassen, bis die Mangos weich sind. Die Früchte mit einem Sieblöffel herausheben und beiseite stellen. Den Sirup bei großer Hitze erneut aufkochen lassen und weitere 10–15 Minuten kochen lassen, bis der Sirup eingedickt und um die Hälfte reduziert ist. Die Früchte in den Topf legen und alles aufkochen lassen. Das Chutney in die sterilisierten Gläser füllen und diese verschließen.

CEYLONESISCHES SAMBAL

Sambals gleichen Chutneys und Relishes und werden in Sri Lanka als Beilage serviert. Dieses Sambal paßt zu Curry, kaltem Fleisch und Käse.

Ergibt etwa 250 Milliliter

2 EL Pflanzenöl
2 Zwiebeln, in halbierten dünnen Ringen
1 Aubergine (ca. 250 g), in halbierten dünnen Scheiben

2 große Knoblauchzehen, fein gehackt
$^1/_4$ TL Kurkumapulver
2 TL Chilipulver

Das Öl in einem Topf mit schwerem Boden erhitzen. Die Zwiebel- sowie die Auberginenringe dazugeben und ungefähr 10 Minuten bei geringer Hitze braten, sie dürfen nicht braun werden. Den Knoblauch hinzufügen und alles weitere 5 Minuten braten. Das Kurkuma- sowie das Chilipulver dazugeben und alles weitere 10 Minuten kochen, bis die Mischung reduziert und leicht eingedickt ist. Das Sambal in eine Schüssel füllen und abkühlen lassen.

»Knoblauch hat die Macht, den Tod abzuwehren; nehme es hin, daß er einen schlechten Atem bewirkt und verachte ihn nicht wie viele andere, die denken, daß Knoblauch nur zum Zwinkern, Trinken und Stinken führt.«

SIR JOHN HARRINGTON,
DER ENGLISCHE ARZT, 1609

TOMATEN-KNOBLAUCH-SAUCE

Man sollte diese Sauce im Sommer zubereiten, wenn reichlich Tomaten auf dem Markt sind. Man kann die Sauce einfrieren und zu Nudeln, Fleisch, Fisch sowie zu Gemüse servieren.

Ergibt etwa 600 Milliliter

2 EL Olivenöl
1 Zwiebel, fein gehackt
3 Knoblauchzehen, zerdrückt
750 g frische Tomaten, gehackt
175 ml Gemüsebrühe oder Wasser

1 TL Zucker (wahlweise)
Salz und frisch gemahlener schwarzer Pfeffer
4 frische Basilikumblätter, grob zerkleinert

Das Öl in einem mittelgroßen Topf erhitzen. Die Zwiebel dazugeben und bei mittlerer Hitze 5 Minuten dünsten. Den Knoblauch hinzufügen und alles weitere 3 Minuten dünsten, bis die Zwiebel weich ist. Die gehackten Tomaten, die Gemüsebrühe oder das Wasser, den Zucker bei Bedarf sowie die Gewürze dazugeben. Alles zum Kochen bringen und anschließend bei geringer Hitze 50 Minuten unter gelegentlichem Umrühren köcheln lassen.

Den Deckel entfernen und das Ganze weitere 10 Minuten kochen lassen, bis die Sauce eingedickt ist. Bei Bedarf nachwürzen, die Basilikumblätter einrühren und die Sauce servieren.

117

KNOBLAUCHMARINADE

Diese Marinade paßt zu Schwein, Hähnchen und Fisch. Man kann damit auch hervorragend Fleisch und Fisch während des Kochens begießen oder sie mit anderen Saucen mischen.

Ausreichend für 500 Gramm Fleisch

4 EL Olivenöl
4 Knoblauchzehen, zerdrückt
Saft von 1 Orange
Saft von 1 Zitrone

2 EL frische Petersilie, fein gehackt
Salz und frisch gemahlener schwarzer Pfeffer

Sämtliche Zutaten in eine Schüssel geben. Geschnetzeltes oder gewürfeltes Fleisch- oder Fischfleisch in der Marinade wenden und mindestens 30 Minuten darin ziehen lassen. Die Stücke während des Kochens mit der Marinade begießen.

Größere Fleischstücke an der Oberseite mehrmals einschneiden, in eine flache Schüssel legen, mit der Marinade begießen und zugedeckt 1–2 Stunden ziehen lassen.

Größere Fischstücke mit der Marinade begießen und zugedeckt 30 Minuten ziehen lassen.

Knoblauchsirup: Mein Heilmittel der Wahl

Man nehme drei Handvoll Knoblauch, entferne die äußere Haut und koche ihn in ein wenig Weißwein, wodurch der Knoblauch etwas an Stärke verliert; man nehme anschließend zwei Viertel Weißwein sowie eine Handvoll roten Salbei, ebensoviel Hischhornsalz und Ysop. Nun nehme man sämtliche Knoblauchzehen, zerkleinere sie, damit sie ihr Aroma entfalten, gebe sie allesamt in den Wein und lasse sie so lange kochen, bis sie auf ein Viertel der Menge eingekocht sind. Man nehme ein Pfund besten Honigs, füge ihn hinzu, bringe alles

zum Kochen, schöpfe den Schaum ab und seihe die Flüssigkeit anschließend durch. Dieser Sirup hilft gegen Erkältungen und Husten, man nehme morgens, um vier Uhr nachmittags und vor dem Zubettgehen jeweils einen Eßlöffel davon ein; dieser Sirup ist auch gut für den normalen Verzehr geeignet.

REBECCA PRICE,
THE COMPLEAT BOOK, 17. JAHRHUNDERT

ROTWEIN-KNOBLAUCH-MARINADE

Diese Marinade verleiht Rindfleisch, Wild, Geflügel und Schweinefleisch ein köstliches Aroma.

Ergibt 450 Milliliter

3 EL Olivenöl
3 Knoblauchzehen, in dünnen Scheiben
1 Zwiebel, in Ringen
1 Karotte, in Scheiben
1 Stück Sellerie, in Scheiben
600 ml Rotwein
4 EL Rotweinessig

6 Wacholderbeeren, leicht zerdrückt
1 Lorbeerblatt
2 frische Thymianzweige
Salz und frisch gemahlener schwarzer Pfeffer
1 EL Speisestärke

Das Öl in einem Topf erhitzen und den Knoblauch, die Zwiebel, die Karotte sowie den Sellerie darin 10 Minuten weich dünsten. Die restlichen Zutaten dazugeben und alles zum Kochen bringen. Die Hitzezufuhr reduzieren und das Ganze 15 Minuten köcheln lassen. Vom Herd nehmen und abkühlen lassen. Die Flüssigkeit durch ein Sieb in eine Schüssel streichen, dabei möglichst viel von der Flüssigkeit durchdrücken. Beliebiges Fleisch in eine Plastikschüssel geben (oder einen anderen Behälter, der nicht mit der Marinade reagiert) und mit der Marinade begießen. Das Fleisch vollständig mit Flüssigkeit bedecken und dieses zugedeckt mindestens 24 Stunden, maximal 72 Stunden, im Kühlschrank ziehen lassen. Das Fleisch zwischendurch wenden, nach dem Ende der Marinierzeit herausnehmen und kochen.

Man kann die Marinade als kräftige Sauce zubereiten. Kräftig aufwallen lassen, bis ein Viertel der Sauce eingekocht ist. 1 Eßlöffel Speisestärke mit 1 Eßlöffel Wasser verrühren und in den Topf einrühren. Die Sauce sämig einkochen lassen und mit dem Fleisch servieren.

Knoblauch auf der ganzen Welt

Knoblauch ist auf der ganzen Welt eine wichtige Kochzutat in den Küchen. Er wird vielfältig verwendet, um den Geschmack der regionalen Gerichte zu verfeinern. In den meisten Ländern sind eigene Knoblauchspezialitäten entstanden.

KARIBIK

Knoblauch ist auf den karibischen Inseln verhältnismäßig neu. »Bluff« ist ein beliebtes Knoblauchgericht aus Martinique. Hierbei wird Fisch in Limettensaft sowie Salz mariniert und zusammen mit Zwiebeln, Knoblauch, Chilischoten, Pimentkörnern und Limetten in einer dicken Bouillon gekocht.

GROSSBRITANNIEN

Die Liebe zum Knoblauch kam in Großbritannien mit der zunehmenden Zahl von ausländischen Touristen und Einwanderern aus dem Commonwealth, die ihre landestypischen Küchen und Nahrungsmittel mitbrachten. Es gibt kein typisch britisches Knoblauchgericht, Knoblauchpilze und Knoblauchbrot wird man jedoch auf den Speisekarten der meisten Restaurants und Pubs finden.

SPANIEN

Früher gehörten Knoblauch- und Chilischotenverkäufer zum Alltagsbild in Nordspanien. Sie zogen mit riesigen Knoblauchzöpfen und getrockneten roten Chilischoten über ihren Schultern durchs Land. Das köstlichste spanische Knoblauchgericht ist zugleich das einfachste. Man nimmt eine Scheibe knuspriges Weißbrot, reibt es mit einer kleingeschnittenen Tomate und einer Knoblauchzehe ein und genießt den Geschmack.

USA

Da Knoblauch von Siedlern aus aller Welt in die Vereingten Staaten gebracht wurde, ist die Knoblauchküche des Landes multinational. Pfeffersteak-Sandwich ist eines von vielen beliebten »landestypischen« Knoblauchgerichten. Angeblich wurde der Knoblauch von Missionaren in Kalifornien eingeführt; heute baut dieser Staat 90 Prozent der gesamten US-Ernte an und exportiert Knoblauch in die ganze Welt.

AFRIKA

»Berbere« ist in Afrika die Hauptanwendung für Knoblauch, eine feurig scharfe Paste aus Äthiopien, die zum Würzen von gekochten Gerichten und als Brotaufstrich verwendet wird. Rote Chilischoten werden in der Sonne getrocknet und anschließend im Mörser zerrieben. Knoblauch und Ingwerwurzel werden gemeinsam zerstoßen, mit den Chilischoten vermischt und zusammen mit Salz, Zwiebeln und vielen anderen Gewürzen zu einem dicken, roten Püree zerstampft.

SÜDAMERIKA

Knoblauch wurde im 16. Jahrhundert von den Spaniern und Portugiesen in Südamerika eingeführt, wo er die Landesküche nachhaltig beeinflußte. Er wird für Saucen, Salsas, in Chilipaste und Füllungen für Tortillas verwendet.

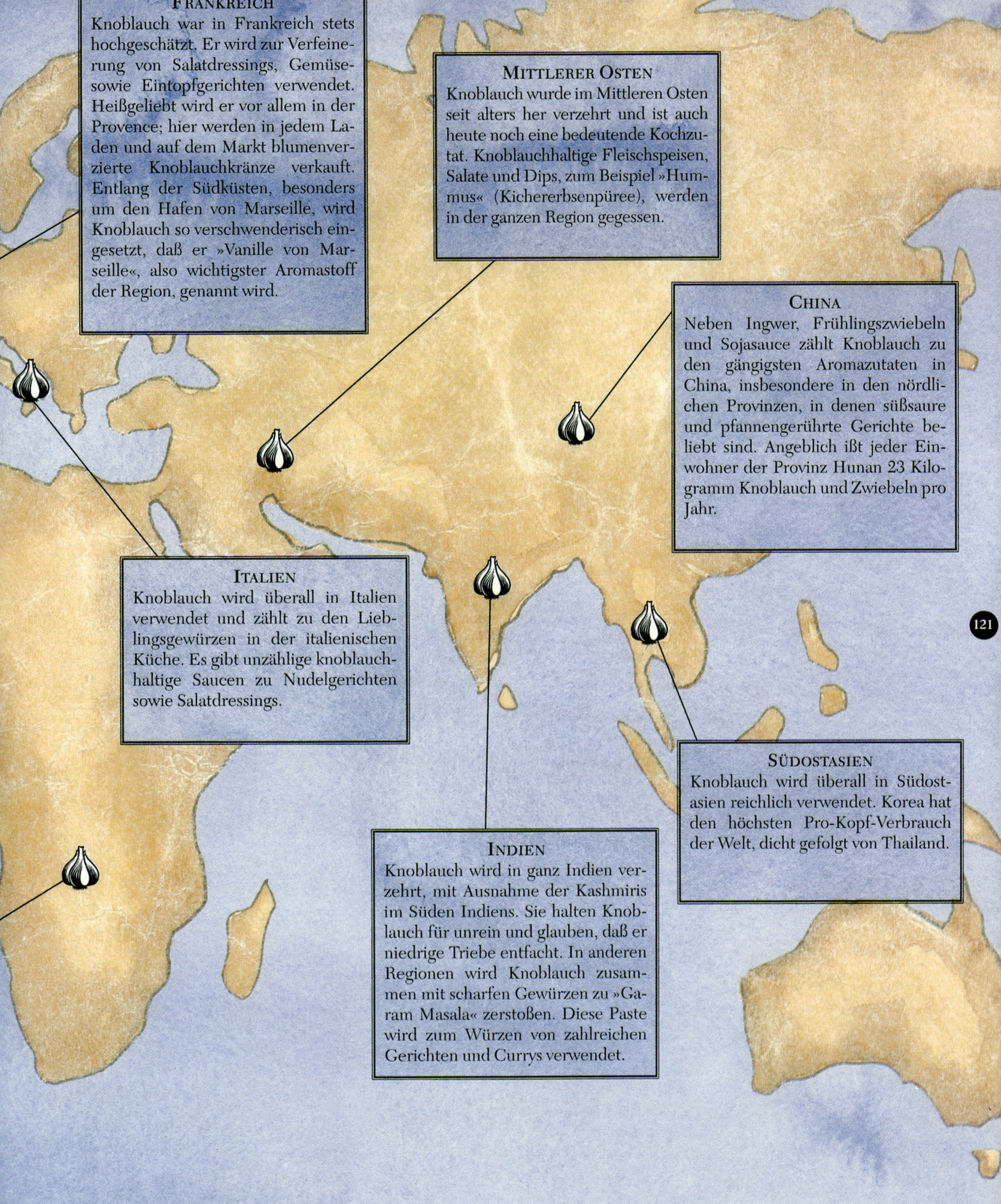

FRANKREICH

Knoblauch war in Frankreich stets hochgeschätzt. Er wird zur Verfeinerung von Salatdressings, Gemüse- sowie Eintopfgerichten verwendet. Heißgeliebt wird er vor allem in der Provence; hier werden in jedem Laden und auf dem Markt blumenverzierte Knoblauchkränze verkauft. Entlang der Südküsten, besonders um den Hafen von Marseille, wird Knoblauch so verschwenderisch eingesetzt, daß er »Vanille von Marseille«, also wichtigster Aromastoff der Region, genannt wird.

MITTLERER OSTEN

Knoblauch wurde im Mittleren Osten seit alters her verzehrt und ist auch heute noch eine bedeutende Kochzutat. Knoblauchhaltige Fleischspeisen, Salate und Dips, zum Beispiel »Hummus« (Kichererbsenpüree), werden in der ganzen Region gegessen.

CHINA

Neben Ingwer, Frühlingszwiebeln und Sojasauce zählt Knoblauch zu den gängigsten Aromazutaten in China, insbesondere in den nördlichen Provinzen, in denen süßsaure und pfannengerührte Gerichte beliebt sind. Angeblich ißt jeder Einwohner der Provinz Hunan 23 Kilogramm Knoblauch und Zwiebeln pro Jahr.

ITALIEN

Knoblauch wird überall in Italien verwendet und zählt zu den Lieblingsgewürzen in der italienischen Küche. Es gibt unzählige knoblauchhaltige Saucen zu Nudelgerichten sowie Salatdressings.

SÜDOSTASIEN

Knoblauch wird überall in Südostasien reichlich verwendet. Korea hat den höchsten Pro-Kopf-Verbrauch der Welt, dicht gefolgt von Thailand.

INDIEN

Knoblauch wird in ganz Indien verzehrt, mit Ausnahme der Kashmiris im Süden Indiens. Sie halten Knoblauch für unrein und glauben, daß er niedrige Triebe entfacht. In anderen Regionen wird Knoblauch zusammen mit scharfen Gewürzen zu »Garam Masala« zerstoßen. Diese Paste wird zum Würzen von zahlreichen Gerichten und Currys verwendet.

TZATZIKI MIT GRÜNEM PAPRIKA

Zu diesem traditionellen griechischen Gericht werden Pitta und Crudités (Rohkost) gereicht. Grüne Paprikaschoten sind zwar keine traditionelle Zutat, sie verleihen dem Dip jedoch eine knackige Beschaffenheit und eine willkommene Farbe.

Ergibt 300 Milliliter

1 EL Olivenöl
2 TL Zitronensaft
2 Knoblauchzehen, zerdrückt
200 g griechischer Joghurt
75 g Gurke, geschält und fein gehackt

¹/₂ grüne Paprikaschote, entkernt und fein gehackt
Salz und frisch gemahlener schwarzer Pfeffer

Das Öl sowie den Zitronensaft in einer Schüssel mischen und mit dem Knoblauch verrühren. Den Joghurt unter Rühren hinzufügen und gründlich mit dem Öl vermengen. Die Gurken- und Paprikastücke sowie die Gewürze dazugeben. Das Knoblaucharoma wird um so intensiver, je länger man den Dip ziehen läßt. Pitta und Crudités dazu servieren.

BAGNA CAUDA

Diese traditionelle italienische Sauce stammt aus dem Piemont. Servieren Sie die Sauce heiß als Dip zu rohem Gemüse.

Ergibt etwa 200 Milliliter

125 g Butter
3 EL Olivenöl
4 Knoblauchzehen, zerdrückt

50 g Anchovisfilet (aus der Dose), abgetropft und fein gehackt
rohes Gemüse als Beilage

Die Butter und das Öl in einem kleinen Topf bei geringer Hitze erwärmen. Den Knoblauch dazugeben und 2 Minuten dünsten, er darf nicht braun werden. Die Anchovisfilets dazugeben und alles weitere 10 Minuten unter ständigem Rühren köcheln, bis die Filets zu einer Paste zerfallen. Den Dip in eine vorgewärmte Schüssel füllen und bei Tisch auf einem Fondue-Rechaud oder Stövchen warm halten. Reichen Sie dazu verschiedene Sorten frisches Gemüse, zum Beispiel Karotten, Paprikaschoten, Blumenkohl und Sellerie zum Eindippen in die Sauce.

SAHNIGE KNOBLAUCH-WEISSWEIN-SAUCE

Diese köstliche »Universalsauce« paßt zu Nudeln, Gemüse, Hähnchen, Schweinefleisch oder Fisch. Man erhält eine schnelle und appetitanregende Vorspeise, wenn man einige Champignons andünstet und mit der Sauce verrührt. Reichen Sie dazu genügend knuspriges Brot.

Ergibt etwa 300 Milliliter

1 EL Olivenöl
2 Schalotten, fein gehackt
3 Knoblauchzehen, fein gehackt
2 EL Mehl
150 ml Geflügel- oder Gemüsebrühe

150 ml trockener Weißwein
5 EL Sahne
Salz und frisch gemahlener schwarzer Pfeffer

Das Öl in einem Topf erhitzen, die Schalotten dazugeben und bei mäßiger Hitze 3 Minuten dünsten. Den Knoblauch hinzufügen und alles weitere 2 Minuten dünsten, bis der Knoblauch weich ist. Das Mehl unter Rühren dazugeben, dabei sämtliche Reste vom Topfboden kratzen. Alles 1 Minute kochen. Die Brühe sowie den Wein portionsweise angießen und das Ganze unter ständigem heftigem Rühren zu einer glatten Sauce verarbeiten. Die Hitzezufuhr erhöhen und alles zum Kochen bringen. Die Sauce unter häufigem Rühren um ein Viertel einkochen lassen. Die Sahne sowie die Gewürze dazugeben und erwärmen. Das Gericht sofort servieren.

123

Knoblauch – breitblättrige Wildpflanze

BESCHREIBUNG – Besitzt eine runde und weißliche Wurzel; die Blätter sind länglich, sehr breit und dunkelgrün gefärbt. Der Stiel ist zartgrün gefärbt und 25 Zentimeter hoch, an der Spitze wachsen kleine weiße Blüten.

VORKOMMEN – Ist in feuchten Wäldern der westlichen Länder beheimatet.

BLÜTEZEIT – Blüht im April.

EIGENSCHAFTEN – Er steht im Zeichen des Mars. Nur die Wurzel besitzt Heilwirkung; er wirkt öffnend und wegen seiner feinen, zahlreich vorhandenen Teile schleimlösend. Er ist nur selten bei trockenen Zuständen

zuträglich, vollbringt aber wahre Wunder bei schleimerzeugenden Krankheiten. Er befreit die Lungen hervorragend und bringt Linderung bei Asthma; gute Dienste leistet er auch bei Darmkoliken. Er wirkt harntreibend, was am Geruch des Urins zu erkennen ist. Sehr hilfreich ist er auch bei Nierenobstruktionen und Ödemen, insbesondere bei der sogenannten Anasarka [ausgedehntes Hautödem]. Man kann ihn morgens auf nüchternen Magen einnehmen oder eingelegten Knoblauch verwenden, der in Geschäften erhältlich ist.

NICHOLAS CULPEPER, THE ENGLISH PHYSICIAN, UM 1640

Dips und Pâtés
Fünf Gerichte mit Knoblauchpüree

Für viele Rezepte in diesem Buch ist ein Knoblauchpüree erforderlich. Hierfür werden ganze Knollen 30–35 Minuten bei 170 Grad (Gas: Stufe 3) im Ofen gebacken und anschließend das weiche Fleisch aus den Zehen herausgedrückt. Sie können beliebig viel von diesem Püree für die Rezepte verwenden, da der scharfe Geschmack des Knoblauchs durch das Backen zum großen Teil verlorengeht.

ZIEGENKÄSE-WALNUSS-THYMIAN-AUFSTRICH

Man kann diesen köstlichen Aufstrich als Vorspeise reichen und ihn zu einer bestimmten Mahlzeit im voraus zubereiten.

Ergibt etwa 200 Gramm

Knoblauchpüree
150 g weicher Ziegenkäse
1 EL frischer, fein gehackter Thymian oder 2 TL getrockneter Thymian
2 EL Olivenöl
Salz und frisch gemahlener schwarzer Pfeffer
30 Walnüsse, fein gehackt

Sämtliche Zutaten, außer die Walnüsse, in einer Schüssel mit einer Gabel vermengen. Die Walnüsse unterziehen, Toastdreiecke oder warme Pitta dazu reichen.

KNOBLAUCH-AUBERGINEN-DIP

Die gegrillte Aubergine verleiht diesem köstlichen Knoblauchdip ein kräftiges, rauchiges Aroma.

Ergibt etwa 250 Gramm

Knoblauchpüree
1 große Aubergine
3 EL Olivenöl
2 EL frische Petersilie, gehackt
Salz und frisch gemahlener Pfeffer

Die Aubergine mehrmals mit einem dünnen Spieß einstechen und im Ofen bei 190 Grad (Gas: Stufe 5) 40 Minuten backen. Die Aubergine etwas abkühlen lassen und anschließend in dicke Scheiben schneiden. Die Scheiben zusammen mit den restlichen Zutaten in einen Mixer geben und zu einer glatten Masse zerkleinern. Crudités (Rohkost), Toastdreiecke und Brotscheiben dazu reichen.

KNOBLAUCHAVOCADO MIT CHILISCHOTEN

Eine ideale Beilage zu mexikanischen und anderen würzigen Gerichten, die trotz der Chilischoten kühlend und erfrischend ist.

Ergibt etwa 250 Gramm

Knoblauchpüree
1 große reife Avocado
2 TL Zitronensaft

1 rote Chilischote, entkernt und gehackt
3 EL saure Sahne

Alle Zutaten in einen Mixer füllen und zu einer sämigen Masse pürieren. Tortillachips und verschiedene Rohkost dazu reichen.

KNOBLAUCH-KICHERERBSEN-DIP

Die Aromen von Knoblauch und Kichererbsen ergänzen sich in diesem mittelöstlich inspirierten Dip ausgezeichnet.

Ergibt etwa 350 Gramm

Knoblauchpüree
400 g Kichererbsen (aus der Dose)
6 EL Olivenöl
Salz und frisch gemahlener schwarzer Pfeffer

1 EL frische, gehackte oder 2 TL getrocknete, gemischte Kräuter
2 EL Zitronensaft
2 EL Crème fraîche

Alle Zutaten in einen Mixer füllen und zu einer sämigen Masse pürieren. Verschiedene Sorten von Rohkost und Pitta dazu reichen.

PÂTÉ NACH MITTELMEERART

In dieser schnell zubereiteten Pâté sind die sonnendurch-tränkten Aromen des Mittelmeers vereint.

Ergibt etwa 450 Gramm

Knoblauchpüree
16 kernlose Oliven, gehackt
200 g Feta, zerkrümelt

4 getrocknete Tomaten in Öl, gehackt
1 EL Olivenöl
3 EL Crème fraîche

Sämtliche Zutaten in den Mixer geben und einige Sekunden pürieren (die Mischung sollte danach noch grobkörnig sein). Vier kleine Auflaufformen mit Frischhaltefolie auslegen, die Mischung mit einem Löffel hineinfüllen und zugedeckt kühl stellen. Zum Servieren vorsichtig von der Folie ziehen und Toast oder Brotscheiben dazu reichen.

REGISTER

126

Verzeichnis der Rezepte

BILDNACHWEIS UND DANK

Erklärung: o = oben, u = unten, m = Mitte, l = links, r = rechts

Harry Smith Horticultural Collection 6; ET Archive 7, 8, 9o; PLI/Ace Photo Agency
9u; Mansell Collection 10o; The Stinking Rose Restaurant,
San Francisco CA 10u; ET Archive 11a, 11u; Mansell Collection 11m;
J. Allan Cash 12ol; Ann Ronan/Image Select 12mr; ET Archive 13o, 13u;
Ann Ronan/Image Select 14; Mansell Collection 16o, 16u; J. Allan Cash 16m;
PictureBank 17ol; AA Photo Library 17m; J. Allan Cash 17u; Pictor 18, 19, 20;
Ann Ronan/Image Select 21ul; ET Archive 21ur; Ann Ronan/Image
Select 22o; Harry Smith Horticultural Collection 22u; Christopher Ranch,
Gilroy CA 23o; PictureBank 24o; Harry Smith Horticultural Collection 24m;
ET Archive 24u; Mansell Collection 25l; ET Archive 25r, 27u; Culpeper,
London 28o; Wellcome Institute Library, London 28u; Mansell Collection
32l, 32m; Image Select 33o; ET Archive 33ul; Fortean Picture Library 34u;
ET Archive 35l; Ann Ronan/Image Select 35r; Fortean Picture Library 36o,
36u; ET Archive 37o, 37u; Visual Arts Library 43; ET Archive 61;
Christopher Ranch, Gilroy CA 67; Visual Arts Library 81; Fortean Picture Library
90; ET Archive 91o; Mansell Collection 91u; The National Gallery, London
97; ET Archive 103o; Harry Smith Horticultural Collection 103u; Carlos
Navajas/Image Bank 106o; Northwind Picture Archive 106u;
ET Archive 106m, 113

Das Copyright aller anderen Abbildungen liegt bei Quatro Publishing plc.

Danksagung der Autorin (Katy Holder): Ich danke meiner Familie und
meinen Freunden für ihre Hilfe beim Schreiben und Ausprobieren der
Rezepte dieses Buchs, insbesondere Tim, Sue, Iqbal, Tina und Tony, Richard
und Claire, Liz und Justin, Emma, Simon und Lisa sowie meinen Eltern für
ihre großzügige Unterstützung.